大学生諸君!

今求められる**問題解決力**

早川 修 著

流通経済大学出版会

はじめに

　大学生の読書離れが言われているが、書店で本書を手にされた諸君には、ぜひこれだけは読んでいただきたい。企業の人事担当の方々にもお勧めしたい。もともと本書は、若きビジネスマンを対象に「問題解決力」をわかりやすく解説するために準備したものである。しかし最近、彼らと接しているうちに「いや、社会に出てからの問題解決力では遅すぎる」という焦りにも似た思いに駆られるようになったのである。それは、せっかく苦労して入社した会社を簡単に辞めてしまう若者や、辞めないまでも、自分と会社の将来をマッチさせることができずに、悶々としている若者が目に付くようになったからである。そしてそこには「就職活動のあり方」や「大学時代の生き方」との因果関係が見え隠れするのである。

　一般に「問題解決力」は、ビジネス分野のテーマとして扱われているが、あらゆる「問題」には共通点がある。共通点があるからには、共通の解決策、つまり「道具」があってしかるべきものである。本書の「問題解決力」とは、そんな「道具」である。共通の「道具」であるからこそ、ビジネス上の問題だけでなく、大学生の「就職活動のあり方」や「大学時代の生き方」というテーマにも適用できるのである。

　「問題解決力」は、問題解決に必要な「手順」と「思考法」である。このことを理解してもらうために、本書ではわかりやすい「事例」や「例え話」に加え、「図解」もふんだんに取り入れている。ただ知識として読み覚えるのではなく、個々のテーマを自分や身の回りのことに置き換えてみることである。自分なりの「例え話」を人に説明ができれば、理解と応用ができたことになる。そのまま、授業でのレポート作成や卒業論文、就職活動にも活かせるだろう。

　大学生諸君が今すぐに「問題解決力」を武器に、みずからの手で「人

生の扉」を開かれることを切望する。本書がその一助になれば幸いである。

　本書を上梓するにあたって、未熟な私に数々の教えとチャンスを与えてくださった諸先輩に心から感謝の意を表します。本書を妻に、そして亡き父と母にささげます。また、本書の出版にご尽力をいただいた流通経済大学出版会の加治紀男氏ならびに池澤昭夫氏に、この場を借りて深くお礼申しあげます。

2007年　4月
早川　修

目　次

はじめに

〔第1章〕 大学生と問題解決力

1. 大学生を待ち受ける難題 …………………………………………2
   就職と就職活動　～苦しみの結果が「ミスマッチ」？～ ……2
   仕事と社会　～「早期離職・転職・フリーター化」の根本原因～ …5
   結婚と家庭　～二つの「新たな責任」～ ……………………8
2. 大学時代をどう生きるか？ ……………………………………10
   「問題解決力」とは？　～「手順と思考法」は共通の道具～ …10
   自分未来史　～「目標」を定めて「道」を探る～ ……………12
   自分作り　～「自分探し」ではなく「道探し」～ ……………14
   大学時代をどう生きるか？　～「自分作り」のヒント～ ………16
3. 「問題」とは何か？ ……………………………………………20
   「問題」の定義　～そもそも「問題」って何だ？～ ……………20
   「困った問題」と「楽しい問題」　～人生は「問題解決ドラマ」～ …22
   「現象 = 問題」ではない　～先入観は禁物～ ………………23
   「問題」の昨日・今日・明日　～「問題」の時制～ ……………24

【がんばれ大学生 ①】「出る杭」になろうよ …………………27
【がんばれ大学生 ②】「先悪の後善し」だぞ …………………28
【がんばれ大学生 ③】極真大山館長の「三角生活のすすめ」…29

〔第2章〕 問題解決の手順

1. 手順のあらまし …………………………………………………32
   三つの「フェーズとモード」　～発見・デザイン・実行～ ………32
   問題解決の基本手順　～解決策先にあらず～ ………………34

2. 発見フェーズ ……………………………………………………35
　① 問題の特定　〜最も重要な工程〜 ……………………35
　② 原因の発見　〜幼児のように〜 ………………………38
　③ 課題の設定　〜「問題意識」から「課題認識」へ〜 …41
3. デザインフェーズ ………………………………………………43
　④ 解決策のデザイン　〜アイデアを結集しよう〜 ……43
　⑤ 行動計画のデザイン　〜秀吉に負けるな〜 …………46
4. 実行フェーズ ……………………………………………………50
　⑥ 実行　〜行動計画とのにらみ合い〜 …………………50
　⑦ 評価　〜成果と方法の吟味〜 …………………………52

復習１：問題解決の手順 ……………………………………………54
復習２：研究活動への適用例 ………………………………………56

【がんばれ大学生 ④】「メモ」は重要な情報部品 ………………59
【がんばれ大学生 ⑤】「活動記録」をつける ……………………60
【がんばれ大学生 ⑥】目の前の「壁」 ……………………………61

〔第3章〕 **システム的思考法**

1. システム発想 ……………………………………………………64
　「システム発想」とは？　〜すべてが「システム」である〜 ……64
　「システム」の特徴　〜問題解決思考法の原点〜 ……………66
2. 目的思考 …………………………………………………………68
　「目的思考」とは？　〜「目的は何か？」を意識せよ〜 …68
　「目的思考」の活用（１）〜目的が手段を評価する〜 ………70
　「目的思考」の活用（２）〜人は目的によって手段を選ぶ〜 ……72
3. 本質思考 …………………………………………………………75
　「本質思考」とは？　〜現象に隠れる本質を探し出す〜 …………75
　仕事の本質　〜「業務の効率化」が無駄？〜 ………………76
　みごとに再生した動物園の話　〜動物たちの本質に着目〜 ………80
4. 全体思考 …………………………………………………………81

「全体思考」とは？ 〜全体と部分の連携・連鎖〜 …………81
「全体思考」の活用（1）〜思考のズームレンズ〜 …………83
「全体思考」の活用（2）〜困ったら「分解」してみよう〜 ……84
5．理想思考 …………………………………………………86
問題解決の帰納法と演繹法 〜理想か現実か？〜 …………86
「理想思考」とは？ 〜理想の状態を意識せよ〜 …………88
「理想思考」の活用 〜理想の状態を具体化せよ〜 …………89

復習3：「システム的思考法」チェックリスト …………92

【がんばれ大学生 ⑦】サルと人間の違い …………………94
【がんばれ大学生 ⑧】「役割分担」から「役割認識」へ …………95
【がんばれ大学生 ⑨】「問題提起型」から「解決提案型」へ ……96

〔第4章〕 問題解決力を強化する思考法

1．水平思考 …………………………………………………98
「水平思考」とは？ 〜君はコロンブスになれるか？〜 …………98
どうやって「水平思考」を？ 〜上位目的に着目しよう〜 …99
常識を打ち破れ 〜できるか「自己否定」？〜 ………………100
2．プラス思考 ………………………………………………102
「プラス思考」とは？ 〜目指せ「自立型人間」〜 …………102
なぜ「プラス思考」か？ 〜問題解決の基本姿勢〜 …………104
どうやって「プラス思考」を？ 〜「オレ流」で？〜 …………106
エンジョイ人生は「貯金型」〜さらば「学生症候群」〜 …………110
3．人間思考 ………………………………………………111
「人間思考」とは？ 〜すべては「人」のためにある〜 …………111
競争社会の落とし穴 〜仕事の向こうに「人」がいる〜 …………113
本音と建て前 〜最後は「人」が決めている〜 ………………115
4．選択思考 ………………………………………………117
「選択思考」とは？ 〜サルトルの言葉〜 ……………………117
予期せぬ原因 〜すべては「選択」された結果である〜 …………119

行動の選択　～青島警部補の悩み～ ……………………………122
　　行動の優先基準　～問題発生は「無差別非同期出現」～ ………124
5. 図解思考 ………………………………………………………125
　　「図解思考」とは？　～口下手も悪くないよ～ ………………125
　　なぜ「図解思考」か？　～問題解決の武器にしよう～ ………127
　　どうやって「図解思考」を？　～今から始めよう～ …………130

復習4：「問題解決力を強化する思考法」チェックリスト …… 138

【がんばれ大学生 ⑩】トラブル発生はノウハウ・チャンス！ … 140
【がんばれ大学生 ⑪】「反省」なんかするな！ ……………………141
【がんばれ大学生 ⑫】「体幹強化」のすすめ ………………………142

おわりに ………………………………………………………………143

索　引 …………………………………………………………………145

第 1 章

大学生と問題解決力

なぜ大学生の今から「問題解決力」を身に付けなければならないのか？　これからの人生で避けて通ることのできない「就職と就職活動」「仕事と社会」「結婚と家庭」のそれぞれに内在する「問題」からその必要性を確認してみよう。

次に、快適な人生を送るために「大学時代」をどのように過ごしたらよいか、いくつかの提案をしたい。

また、「問題解決力」を理解するうえで前提となる「問題とは何か？」という基本的なことについて、諸君と筆者の意識合わせをしておきたい。

1. 大学生を待ち受ける難題

就職と就職活動　～苦しみの結果が「ミスマッチ」？～

受験戦争を戦い抜いてきた大学生を待ち受ける次の難題はなんだろうか？　「大学の目的は就職にあらず」「就職は学業の結果である」という大原則は理解できたとしても、現実に就職活動で苦しんでいる学生や、せっかく苦労して入社した会社を簡単に辞めてしまう多くの若者を目にすると「就職」を抜きに大学生活を考えることはできない。

1）なぜ、就職活動で苦労するのか？
2）なぜ、簡単に会社を辞めてしまうのか？

バブル経済の崩壊を機に、日本企業はじっくりと時間とお金を掛けて「金の卵」を育てる余裕などはなくなった。年功序列や終身雇用などの日本型経営が淘汰され、成果主義の導入を余儀なくされている。雇用も「量から質へ」の厳選採用にならざるをえない。新卒採用を減らし、大量の人員削減を行う一方で「即戦力」をうたい文句に、キャリア採用や中途採用・通年採用などを駆使して人材確保に躍起になってきた。学歴不問という大企業も出始めてから久しい。

第1章 大学生と問題解決力　3

就職と就職活動

自分探し？
即戦力？
就活
ミスマッチ？
問題解決思考？
エントリーシート？

「入学早々、就職をうんぬんするのは時期尚早だ」という意見もあるし、「ちゃんと3年次になれば大学側もいろいろと支援をしてくれるよ」ということも知っているが、毎年毎年就活生は苦しんでいるという現実がある。「経済が上向いているからもう少しの辛抱だ」などの意見もあるが、雇用の格差ともいうべき「雇用の二極化（※）」の中で正社員の増員を計画的に推進しうるのは一部の業種と企業の話だ。国際競争力を維持していくためには簡単に非正社員が正社員化していくとは考えられないのである。

※　雇用の二極化：企業での非正社員の採用増加により、雇用条件の安定した正社員と不安定な非正社員で雇用形態が二極化した状態

　最初の問題「なぜ、就職活動で苦労するのか？」について。諸君にとって、ネットや足を使っての情報収集活動はそんなに苦痛ではないはずだ。何種類もの「就活マニュアル本」を読破し暗記することも時間の問題だろう。必要な情報は十分にある。にもかかわらず、なぜエントリーシートが通らないのか？　なぜ一次面接止まりなのか？　なぜ最終面接で落とされてしまうのか？　自己分析の不足？　自分探しの失敗？

私の答えは「準備不足」である。

「３年次の始めに就職ガイダンスがスタートするし、いろいろなセミナーもある。会社説明会やインターンシップも充実していますよ」

大学の就職支援システムは非常に充実してきているが、私の言う「準備」とは、学生自身の、中身の準備のことである。就職支援の一環として、１・２年次にその部分の重要性、必要性をセミナーや講座として設定している大学もある。ところが、残念なことに、そのころのほとんどの学生にとって「就職」はまだまだ先の話で「どうせ３年次になればいろんなプログラムが用意されているし、それからでも遅くはないだろう」ということらしい。

学生の「中身の準備不足」とは、就職活動時点で、企業など社会が求める「人間」として十分に仕上がっていない、企業人としての「問題解決力」が備わっていない、ということだ。基礎学力を徹底して身につける必要がある。人の質が問われるのは、今も昔も変わってはいない。３年次になって、慌てて「就活向け」の自分を作ろうと思っても間に合うはずもなく、仕方なく「自分探し」や「自己分析」などと「無い物ねだり」をするか、一時しのぎに「仮装」のための「マニュアル本」に頼らざるをえなくなる。本来、「自分」とは「探す」ものではなく「作るもの」である。

次に「なぜ、若者は簡単に会社を辞めてしまうのか？」について。就職戦線を乗り越え、意気揚々と社会に繰り出すが「早期離職・転職・フリーター化」が年々増加している。なんとフリーターの数が500万人を突破しているそうである。「雇用の七五三」という言葉をご存じだろうか？　新卒採用者の、中学卒で七割、高校卒で五割、大学卒で三割の若者が、三年以内に離職・転職しているという統計数値だ。さらに大卒女子においては四割五分を超え、年々増え続けているそうである。驚くべき数値だ。企業と学生双方の「こんなはずではなかった」という、いわゆる「雇用のミスマッチ（※）」の結果であると言われている。

※　雇用のミスマッチ：労働力を求める求人側と仕事を求める求職側の要求が合わないこと

　「雇用のミスマッチ」とは、若者の立場から言えば「考えていた仕事内容とは違った」「自分にはもっと適職があるはずだ」ということになろうが、これは「苦しい就職活動」からくる「選択ミス」の結果であるとは単純に言えない。「就職」という事実をしっかり把握する力が足りない結果である。仕事は遊びではないことは周知のことであり、人生を左右しかねない重要な問題である。覚悟が出来ていないままに採用の結果に満足したか、妥協したかであると言えるのではないか。早めに決めた学生ほど早期離職者が多いそうである。

　「就職活動で学生は飛躍的に成長する」とはよく言われる言葉だが、これからは「問題解決力」を身に付けることによって「飛躍的に成長」し、それを武器に就職活動に臨んでいただきたい。

仕事と社会　～「早期離職・転職・フリーター化」の根本原因～

　就職戦線を乗り越え、意気揚々と社会に繰り出した若者の「早期離職・転職・フリーター化」が年々増加していると書いたが、その原因は「雇用のミスマッチ」だけだろうか？　以下の要因が考えられる。

1) 雇用のミスマッチ
2) 社会（職場環境など）への適応力不足
3) 転職支援環境の拡充
4) 派遣採用環境の拡大

　1)「雇用のミスマッチ」では、学生側の問題のほかに、採用する企業側に問題はないのだろうか？　企業側にも問題はありそうだ。企業にとって最も重要と言われる「人材（人財）」の採用業務をアウトソーシング（外部委託）している企業は多いし、会社（の実態）紹介というより将来の目標（理想）ばかりを美しく書き並べたホームページも多い。会社の

規模や知名度からは想像もできない「職場環境の悪さ」や「企業内モラルの低さ」などについては入社してから気付くことが多い。

2）「社会への適応力不足」とは、仕事の厳しさや職場の人間関係などから受ける「精神的ストレス」によって、仕事に身が入らず、自分を見失ってしまう状態だ。つまり「精神的ストレス」への抵抗力不足と言ってよいだろう。ストレスを「問題」として受け止め、冷静に処理する力がまだ十分に備わっていないのだ。それまで家庭や学校という、あらゆる外敵から身を守ってくれる防火壁のような環境の中で生活してきたため、いきなり企業組織というさまざまな計算や思惑がうずまく縦社会の中に身を投じるのだから厳しいものがある。

3）「転職支援環境の拡充」は、転職サイトビジネスや職業紹介事業者の増加によって、誰でも簡単に転職先についての情報を収集したり、就業しながら「転職活動」をすることを可能にした。

4）「派遣採用環境の拡大」は、規制緩和によって派遣対象職種が拡大し、派遣社員を採用する企業と、派遣人材を供給する派遣事業者が増大した。その結果、正社員としての転職が難しい若者が、とりあえずの働き口として「派遣登録」することを容易にした。

では、「早期離職・転職・フリーター化」の根本原因はどこにあるのだろうか？　私は「社会への適応力不足」にあると考えている。

「雇用のミスマッチ」は、確かにあることは事実だが、苦労してせっかく手に入れた正社員の椅子を、そう簡単に手放す理由としては考えにくい。たとえミスマッチと自覚しても「働いて収入を得る」という目的からすれば、安易に離職することはできないだろう。また「雇用のミスマッチ」が「社会への適応力不足」の言い訳に使われていることも事実である。

「転職支援環境の拡充」「派遣採用環境の拡大」は、安易に「早期離職・転職・フリーター化」へと追いやる促進剤にはなっているが、根本原因にはなりえない。

早期離職・転職・フリーター化

1) 雇用のミスマッチ
2) 社会（職場環境など）への適応力不足
3) 転職支援環境の拡充
4) 派遣採用環境の拡大

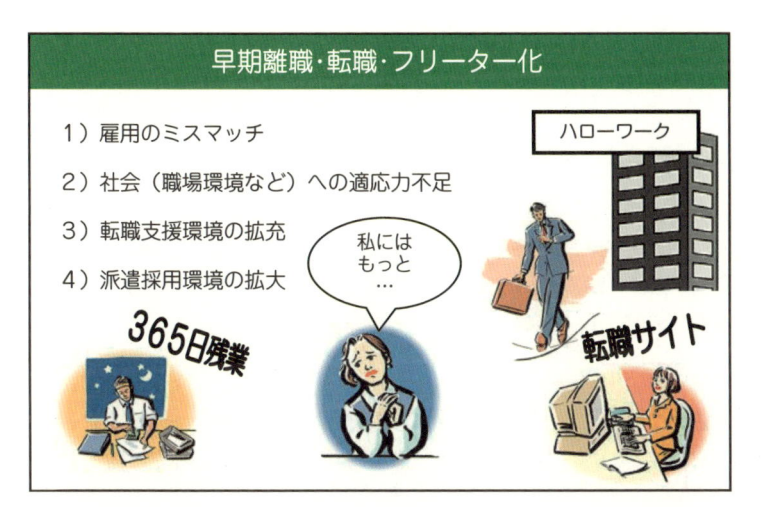

「早期離職・転職・フリーター化」の根本原因は「社会への適応力不足」にある。この意見は「今の若者は我慢が足りない」と嘆いている大人たちや人事担当者を納得させることになるかもしれない。では、今の若者はそんなに弱く育ったのだろうか？　答えは「ＮＯ！」である。私は、適応力の「低下」とは言っていない。「不足」と言っているだけだ。つまり「社会への適応力不足」は今も昔も変わらない、今始まったことではないと考えているのである。

では、諸君のお父さんやお母さんの時代はどうであったか？　昔は、たとえ言い訳であろうが「雇用のミスマッチ」などというぜいたくは言えなかったし「転職支援環境」や「派遣採用環境」などは無かった。まだ職業経験の浅い若者の離職は即、今で言うフリーターになることを意味していた。では、若者の離職・転職はめずらしかったのだろうか？　そんなことはなかった、と私は記憶している。学校を卒業して三年以内に会社を辞めた身近な友人はたくさんいたし、私自身も「辞めたい」と思ったことはある。会社の同期も半数以上が辞めているのである。

「若者は我慢が足りない」のは今始まったことではない。「家庭や学校という、あらゆる外敵から身を守ってくれる防火壁のような環境の中」での生活は、昔も今も変わっていない。これが「社会への適応力不足は今も昔も変わらない」と考える理由である。

諸君には、就職後に待ち受ける「早期離職・転職・フリーター化」という「問題」にも打ち勝ってもらいたい。そのために、いかに大学時代に「社会への適応力」を強化しておくか？　これこそ「問題解決力」の使命である。

結婚と家庭　～二つの「新たな責任」～

次に「結婚と家庭」について。社会に出てからの「問題」は「仕事」だけではない。それと同等もしくはそれ以上に重要なテーマが「結婚と家庭」である。「結婚と家庭」は、人生最大のテーマであるに違いない。

「新しい家庭作り（つまり結婚）とは、異なる文化の融合であり、人間の進化である」と考えている。異なる文化、すなわち生活習慣や価値観を異にする家庭に育った男女がある日を境に一つ屋根の下で生活するのだから、さあ大変だ。それまでは、なんとか「結婚」というゴールのために、多少のことには目をつむってがんばってきた二人が、ふっとゴール地点で向かい合ったとき、実はここが「問題発生のスタート地点」であることに気が付かない。残念だが仕方がない。

「『結婚は問題だらけだから考え直せ』と言っているんですか？」
と詰問されそうだが、そうではない。

「結婚と問題解決力とどういう関係があるんですか？」

結婚は「新しい文化の創生」である。異なる文化を持つ二組の戸籍から新たな戸籍が分離・独立し、社会的にも「新たな責任」が生まれる。最初の懸念はここだ。つまり、二人は「異文化育ち」である。新婚当初は、まだそのことの重大さには気が付いていない。時間の経過とと

大学生を待ち受ける難題

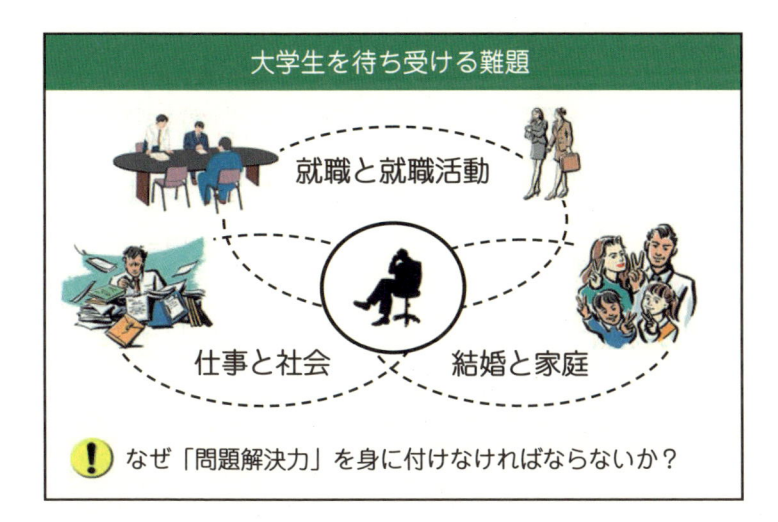

- 就職と就職活動
- 仕事と社会
- 結婚と家庭

❗ なぜ「問題解決力」を身に付けなければならないか？

もに表面化するさまざまな問題。文化の違いに起因する「家庭内民族紛争」の果ては「結婚のミスマッチ」ということになりかねない。芸能界のみならず、日本では十数分に一組の夫婦が「性格の不一致（ミスマッチ）」を理由に離婚しているそうである。「成田離婚」という言葉も懐かしい。

結婚は「新しい文化の創生」であると同時に「新しい生命の誕生」にも通じる。すばらしいことであるが、そこにも「新たな責任」が生まれる。そのことに気が付かなかったり、気が付いていても責任をまっとうすることを拒否したり、間違った責任の取り方をしたりすると「生命の誕生」どころか「悲劇の誕生」になってしまう。「仕事の責任」を最優先し「家庭での責任」を無視したり、回避したり、という家庭人が、男女を問わずに多い。

毎日のようにマスコミをにぎわしている凶悪な事件。ドメスティック・バイオレンス（夫や恋人などのパートナーからの暴力）、家庭内暴力（子供による家族への暴力）、幼児虐待、さらに学校でのいじめやそ

れによると言われる子供たちの自殺。みんな「家庭」を発生源としている。これらは「家庭と子供と学校の問題」として扱われてしまいがちだが、広く社会に影響力を持つ、マスメディアによる影響も無視できない。番組制作や雑誌編集のあり方など「仕事（利益）」を最優先する大人たちの「責任」も見逃せない。無責任な情報からいかに「家庭」を守るか？　これも重要な「二人の責任」である。

　二つの「新たな責任」をめぐって、次々と「新たな問題」が二人の目の前に立ちはだかることになる。しかも、その問題解決を担当する二人は異文化育ちなのである。結婚を機に表面化するさまざまな問題。文化の違いから発生するいろいろな難問。これらにうまく対処し、楽しい家庭を築くための努力が求められることになる。

　「大学生に結婚の話はまだ早いんじゃないですか？」という声が聞こえてくるが、そうではない。「就職」に「就職活動」があるように「結婚」にも「結婚活動」があるはずだ。就職活動のマイナス結果として「雇用のミスマッチ」があるように「結婚活動」のマイナス結果として「結婚のミスマッチ」が発生するのだ。つまり、ミスマッチや家庭でのトラブルを未然に防ぐためにも、「就職活動」と同様に、大学生の今から「結婚活動」に必要な「問題解決力」も身に付けてほしいのである。

2. 大学時代をどう生きるか？

「問題解決力」とは？　～「手順と思考法」は共通の道具～

　諸君の人生を左右する「就職と就職活動」「仕事と社会」「結婚と家庭」についての問題提起をしたが、人生における「問題」はこれだけではない。すでに履修科目選択の問題、単位数の問題、金銭の問題、友人関係の問題など、多くの問題に直面しているはずだ。問題の大きさや重大さにかかわらず、個々の問題を解決しながら、自分の夢や目標に向

「問題解決力」とは？

大学時代 — 授業、ゼミ、サークル、アルバイト、卒業論文、自分未来史、道具、自分作り、手順、思考法、TEKIPAKI

卒業後 — 就職と就職活動、仕事と社会、結婚と家庭

⚠ 「手順と思考法」は問題解決のための共通の「道具」

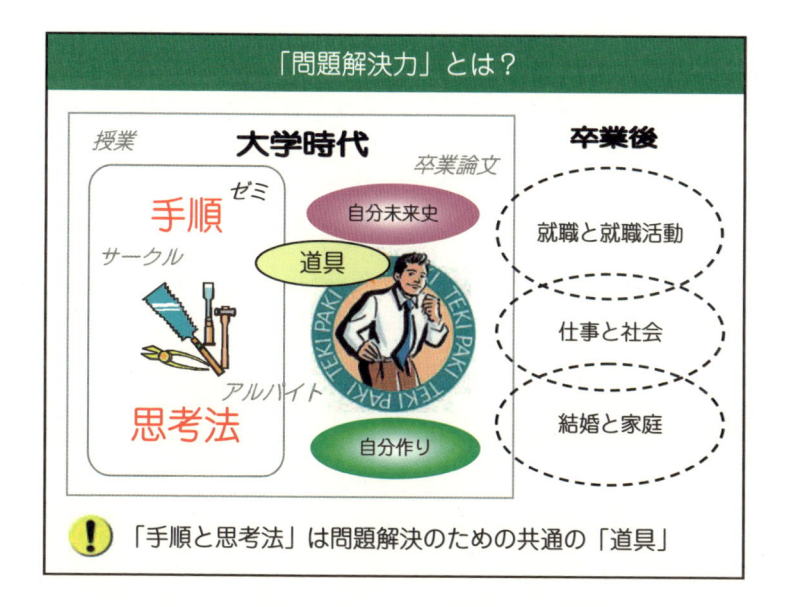

かって歩き続けることが人生であるならば、問題を解決するための共通の「道具」が必要だ。その「道具」が、本書の「問題解決力」である。

「問題解決力」とは、「手順」と「思考法」である。「問題解決」では「発見・デザイン・実行」という「手順」を踏んで進むことになる。また「思考法」には、「システム的思考法」と「問題解決力を強化する思考法」が用意されている。「左手にコーラン、右手に剣」ではなく「左手に手順、右手に思考法」を持って問題解決に挑むことにしよう。

「問題」を正しくとらえ、「手順」に沿って「思考法」を適用すれば「解決」に近づくことができる。食材（問題）を調理台に載せ（正しくとらえ）、レシピ（手順）に沿って、調理器具（思考法）を上手に使いこなすことができれば調理（問題解決）は誰にでもできる。では、この「道具」さえあればどんな難問も解決できるのか？

「『ドラえもん』じゃあるまいし、そんなものがあるわけないでしょ

う？」そのとおり、「道具」だけでは無理だ。調理には食材に関する「知識」が必要であるし、よりおいしく栄養価の高い料理を家族やお客さまに食べていただきたい、という「努力」も必要だ。つまり、問題解決の対象となるテーマに関する必要十分な「情報（専門知識）」が必要である。それを実行する「力（技術力や精神力、体力など）」がなければだめだ。

人生という「問題群」を解決していくために必要な「情報」や「力」を修得するのが「大学時代」である。「手順」と「思考法」を適用しながら大学生活を送ることができれば、真の意味での「問題解決力」を身に付けることができるだろう。そしてそれは、諸君が避けて通ることのできない「就職と就職活動」「仕事と社会」「結婚と家庭」という難問題に直面したときにも、遺憾なく力を発揮してくれるはずである。

では、「問題解決力」を応用しながら「大学時代」をどう生きるか？私は諸君に「自分未来史」と「自分作り」を提案したい。人生が「自分ドラマ」であるならば、そのシナリオは自分で描きたい。たった一度の人生である。創造力と想像力を総動員して、すばらしい「自分ドラマ」を描いてみよう。

自分未来史　～「目標」を定めて「道」を探る～

「自分未来史」とは、過去ではなく将来の「自分史」である。あくまで仮の自分史なのでそう難しく考えることはない。社会に出て仕事に就くと、なかなか「夢」を見ることができなくなってくる。仕事の忙しさもさることながら、毎日が「現実」に縛られた生活になってしまうからだ。大学生という自由な生活空間の中で、自分の未来を描いてみよう。友人と食事をしながら語り合ってみるのもよい。「自分未来史」作りは、大学入学後早ければ早いほどよいだろう。

「自分未来史」の目的は「将来の自分」を描くことによって「大学時代

自分未来史（例）

年齢	年収	仕事	家庭	住居	自己研鑽	趣味	
20代	250	総合商社勤務		国内	英語／その他外国語	トライアスロン／スノーボード	世界の名著読破
30代	500		結婚 第一子 第二子 親と同居	海外		音楽鑑賞（クラシック・JAZZ関連収集）	
40代	1000 500				税務知識		
50代	1000	独立開業	第一子大学 第二子大学	国内 （首都圏）			
60代～	1200 年金	スポーツボランティア		国内 （沖縄）			

! 「目標」を定めて「道」を探る

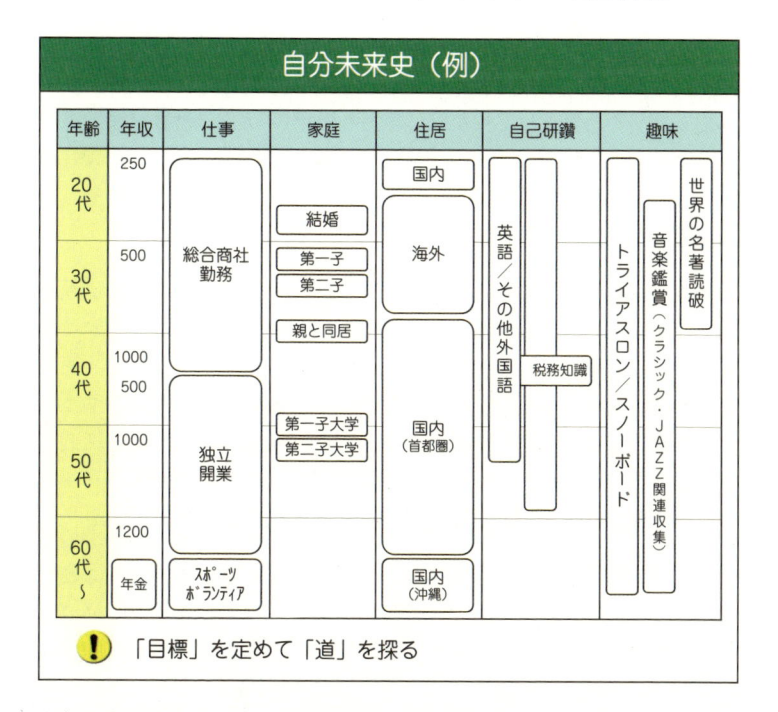

をどう生きるか？」という設問の答えを導き出すことにある。ルールさえ守れば何でもやってみることのできるのが大学生の特権だ。しかし、目先の利益や楽しさだけで物事を選択していたのでは、いずれ「就職・仕事・家庭」において「問題」が生じることになる。「自分未来史」は、人生における「目標を定めて道を探る」ための「目標」作りである。

大学生になれば、誰もが将来の夢や希望を思い描くだろうが「思う」だけでは弱い。実際に「紙」に描いてみよう。のこぎりで板を切るとき「まっすぐに」と「思って」も、なかなかうまくいかないが、あらかじめ線を引いておくとまっすぐに切れる。それと同じだ。サンプル図を参考に、自分の「思い」を書き出していけばよい。書き方のルールがあるわけではないので独自の方法で自由に描いてみよう。

最初はありきたりの「人生」を描くことになるかもしれない。見直すうちに「こんな人生じゃつまらない」「何のために苦労して大学に入学したんだ？」と変化してくればしめたものだ。「よし、世界を股に掛けた人生を生きてやる」「将来は父のように独立開業するぞ」「一生大好きなサッカーにかかわる人生を歩もう」などなど、将来の夢や希望そして可能性などについて思いをめぐらしてみよう。

　頭や胸にあることを紙に書き出そうとすると、書こうか書くまいかと迷いが生じる。迷いながら徐々に「思い」が「現実的」になっていくのがわかる。「世界を股に掛ける仕事といえば、大手商社が近道か？　それとも外資系ベンチャーか？」「父のように独立開業するためには、やっぱり公認会計士の資格取得が先決か？」「スポーツ記者ならサッカーに近づくことができるだろうか？」。なぜか真剣に考えるようになっていく。そして、内容もどんどん具体的になっていく。これが重要なのである。

　例えば、就職活動での面接試験において「あなたは10年後にはどうなっていたいですか？」「それまでのキャリアパスをどのように描いていますか？」「それにはどのような自己啓発が必要と思われますか？」「年収はどのくらいと想定しますか？」「結婚は何歳くらいで、子供は何人欲しいですか？」などと問われることを想定して、それにしっかりと答えることができるくらいまで描くことができればよいだろう。実際の面接試験で年収や子供の人数などは話題にはならないが、どんなことでも「はっきりと自分の希望や考えを述べる」ことができるということは大事である。もちろん内容はあくまで夢や希望でよいが、あまり無理をする必要はない。現実離れしすぎてもそのあとが続かない。ここまでが「自分未来史」作りである。

自分作り　〜「自分探し」ではなく「道探し」〜

　「自分ドラマ」の「シナリオ」が完成したら、次は、それにふさわしい「役作り」だ。ドラマの開幕時点において、つまり「大学卒業時の自

自分作り

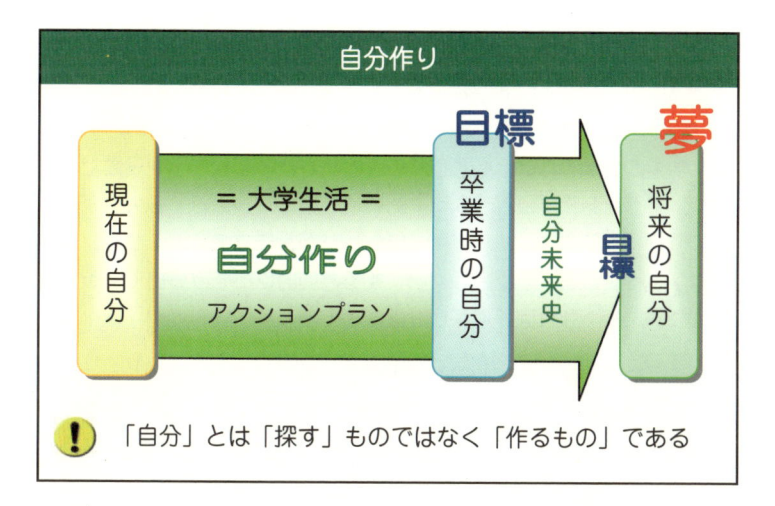

現在の自分 = 大学生活 = **自分作り** アクションプラン → 卒業時の自分【目標】 → 自分未来史【目標】→ 将来の自分【夢】

> ⚠ 「自分」とは「探す」ものではなく「作るもの」である

分」はどうなっていなければならないか？ これは、諸君の「大学入学の目的」でもあるはずだ。ここで、あらためて「大学入学の目的」と現在の「自分未来史」をすり合わせておくことは意味がある。本来の「目的」を忘れ、将来の「夢」も見ようとしないのであれば「苦しい就職活動」は避けられないだろう。

「大学卒業時の自分」についても、「紙」に書き出しておくことを勧める。「自分はこうなっていたい」ということを箇条書きにしておこう。

次に「大学卒業時の自分」に近づくために、自分は「大学時代に何をすべきなのか？」について、具体的に洗い出してみよう。つまり「定めた目標」から「道を探る」のだ。在学中に、何を、どれだけ、いつまでに、やらなければならないか？ といった「アクションプラン」作りである。これも「紙」に書き出しておくとよいだろう。具体的な書き出し方は、「第2章-3-⑤行動計画のデザイン」で紹介する「日程計画表（例）」を参照するとよい。

実際に紙に書き出してみると、履修科目やゼミは？ アルバイトはどんな業種・職種がよいか？ どんな資格試験にチャレンジするか？ 体

力作りは？　インターンシップはいつごろから？　などなど思いが急に現実的になってくる。

「自分作り」には、ぜひ諸君のキャンパスをフル活用することを勧める。学業に関することはもちろんのこと、さまざまな施設や設備だけでなく、イベント・プログラムや人的環境も豊富だ。ここで各大学が発行している「シラバス」や「ガイドブック」が役に立つことになる。在学期間が短く感じるはずだ。わくわくすると同時にあせりも出てくるかもしれない。そうなれば「道探し」は成功である。

就職活動で「自分探し」の必要性が言われているが「自分」とは「探す」ものではなく「作るもの」である。「探す」べきは「自分作り」のための「道」である。「自分未来史」とそれを目標とした「自分作り」。そして、その実践を通して描く「理想とする自分の姿」。これを自分の言葉できちっと語ることができれば、たとえそれが道半ばであろうとも「就活対策」は十分である。

大学時代をどう生きるか？　～「自分作り」のヒント～

ここでは、先の「就職・仕事・家庭」という難題を念頭に「大学時代をどう生きるか？」についてのヒントをいくつか紹介する。なお、各章の終わりに「がんばれ大学生」と題して「生活習慣」や「考え方」などのヒントを紹介しているので、あわせて「自分作り」の参考にしていただきたい。

1）「教養」を身に付ける

「教養」とは「社会生活を営む上で必要な文化に関する広い知識」であり「学問、幅広い知識、精神の修養などを通して得られる創造的活力や心の豊かさ、物事に対する理解力（ともに『大辞泉』）」である。大学には数多くの教養科目が用意されているが無駄なものは一つもない。また、大学での活動はすべて「教養」につながっている。

この言葉の意味をしっかりとかみしめてほしい。社会に出て「人前に出たとき」や「組織を預ったとき」などに、この「教養」がものを言う。「つい、教養が邪魔をして…」などと冗談を言う場面があるが「教養」をひけらかしたりしなければ、絶対に邪魔になることはない。

2)「専門分野」を持つ

「芸は身を助ける」という言葉がある。「一芸にすぐれていると、困窮したときにそれが生計の助けになる（『大辞泉』）」という意味であるが、自分の得意とするものを一つでも持っていると、大いに役に立つものである。たとえそれが直接仕事や生活の役に立たないものであっても、それについての「自信」が「身を助ける」のである。

学業はもちろん、趣味やスポーツでも何でもよい。人に負けない世界を持つことができれば、それだけで胸を張って生きることができるし、長い人生のどこかで「人」が集まってくるものだ。「知識」だけで言えば、それに関する10冊の本を読めば、そこそこの専門家になれるそうである。そのことについて、人前で90分間話し続けることができれば上等だ。ぜひ、大学時代に「人に負けない世界」に挑戦していただきたい。

3)「ヒューマンスキル」を身に付ける

「ヒューマンスキル（Human skill）」とは「良好な対人関係を築く能力」のことである。どんな仕事でも「人」とかかわらないことはない。いくら頭脳明晰であっても、人との関係がうまく作れなくては自分の能力を活かすことはできない。

必要とする具体的なスキル（能力）は業種や職種で異なるが、ここでは、どこでも共通的に求められる「コミュニケーション能力、プレゼンテーション能力、協調性」についてあげておきたい。それぞれ、言葉の定義は省略するが、簡単に言えば「組織の中で、共通の目標に向かって、お互いの意思や意見を尊重しながら、人の考えをそしゃくし、自分

の考えを明確に伝える」能力ということになろうか。

　学生時代には、できるだけ「人前」に出ることだ。つまり「集団（組織）」に身を置くことである。ゼミやサークル、アルバイトなど何でもよい。そして人の話をよく聞くことである。特に教授や講師、アルバイト先の、できればより地位の高い人にどんどん声を掛け、話を聞くことだ。自分の意見を言う前に人の話を聞く習慣も大切である。これらは「ヒューマンスキル」を磨くだけでなく「社会への適応力」を高めるのにも役立つ。限られた時間を「画面との対話（ゲームやパソコン操作など）」だけに使用してはもったいない話である。「第４章－３　人間思考」「第４章－５　図解思考」も参考にしていただきたい。

4）「精神的ストレス」への抵抗力を付ける

　「社会への適応力」強化のために、大学時代に「精神的ストレス」への抵抗力を付けてほしい。営業職で体育会系の学生が歓迎されるのは「精神的ストレス」に強いとされるからだろう。「ストレスへの抵抗力強化」について言えば「肉体」も「精神」も同じである。「ストレスを受ける」ことで強化を図るしかない。つまり「慣れる」しかないと思ったほうがよい。逃げたら強くなれないのは「スポーツ」の世界を見ればよくわかる。

　「ストレスへの抵抗力強化」を図るためにはどうすればよいか？　「精神的ストレスを感じる場面」に積極的に身を置くのである。普段の自分であれば「はずかしいな、いやだな、怖いな」と思うような場にあえて身を置き、「どんなにいやなことでも、繰り返せば絶対に慣れる」ことを信じて、じっと耐えるのだ。例えば、飲食系のアルバイトなどで、店長や従業員同士の罵（ば）声が飛び交う職場に身を置くのもよい体験だろう。土木関係の工事現場で働いてみるのもよい。サラリーマンの集う場所（公園や駅前）で、年配サラリーマンに声を掛けてみるのも度胸のいることだ。産業界が主催する各種イベントに参加して会話をしてくるのも勉強になる。機会はいくらでも作れる。先の「ヒューマンスキルを

身に付ける」と同様に、積極的に「人前」に出る、「集団（組織）」に身を置く、人と「会話」をすることである。

5)「人を思う気持ち」を大切にする

「大人になる」とは、「物事を『自分中心』から『他人中心』に考えることができるようになる」ことだと理解している。相手の立場で考えることができるか？　相手の立場になりなさい、すべてに相手を優先しなさい、ということではない。相手の立場になったつもりで考えよ、ということである。

お客様の立場で品揃えがされているか？　家族の笑顔と健康を考えて料理をしているか？　同乗者の気持ちや体調を考えてクルマの運転をしているか？　従業員やその家族のことを考えて会社経営をしているか？

企業の「顧客指向」「お客様第一主義」「CS（※）」などもみんな同じだ。「経営学」とは、突き詰めれば「人間学」であると言われる。顧客や従業員をないがしろにして倒産した大企業は数多くある。

※　CS（Customers Satisfaction）：顧客満足度を基本とした品質管理および組織の活性化手法

相手の立場で考えるためには、相手の話をよく聞くことである。何を考え、どうありたいと望んでいるか？　それによって、自分や組織の取るべき行動が見えてくる。「問題解決」の基本である。「第4章-3　人間思考」も参考にしていただきたい。

6)「傍観者意識」ではなく「当事者意識」を持つ

読んで字のごとくである。物事に対して「自分には関係ないや」と「傍観者」を決め込むのではなく「自分ならどうする？」と自問する。困っている人や苦労している人を見かけたとき、どう言って助けてあげることができるか？　つまり「私ならこうしますよ」という代案を用意することができるか？

少し古い話であるが、日本IBM社の指導のもとで行われる社内会議の「会議ルール」の中に「代案なければ賛成とみなす」という一文があった。とても厳しいルールだ。誰かの提案に反対だとしても、それに対する代案が提示できなければ賛成とみなされるから「傍観者」ではいられない。私は今でもこのルールを自分に課している。これは「問題解決」において「解決策」を考える訓練になる。

3.「問題」とは何か？

「問題」の定義　〜そもそも「問題」って何だ？〜

「それは問題だよ！」「何が問題なんだよ？」などという言い方をするが、はたして「問題」とは何だろう。本題に入る前に共通認識を持っておこう。

「問題」とは「あるべき状態」と「実際の状態」との「ギャップ」である。「あるべき状態」とは「理想の状態、目標とする状態、そうでなければならない状態」のことだ。そして「実際の状態」とは、「事実・現実」であり「あるがままの状態」だ。「あるべき状態」と「実際の状態」に「ギャップ（差異）」がなければ、つまり「同じ」であれば、そこには「問題は存在しない」し「問題はない」ということになる。

大事なことは「あるべき〜、理想の〜、〜の目標、〜でなければならない」といった「人間の願望」が根底にあるということだ。その願望が満たされない状態、これが「問題」の存在する状態である。例えば諸君が、得意のマラソン競技で「よし、次のオリンピックでメダルを取るぞ」という「目標（願望）」を掲げたものの「全日本選手権での上位入賞実績がない」という「現実」があるとすれば「選考資格がない」という「問題」が存在していることになる。また、ある会社で「売上予算（目標）」に対して「販売実績（現実）」が満たなければ「ノルマ未達

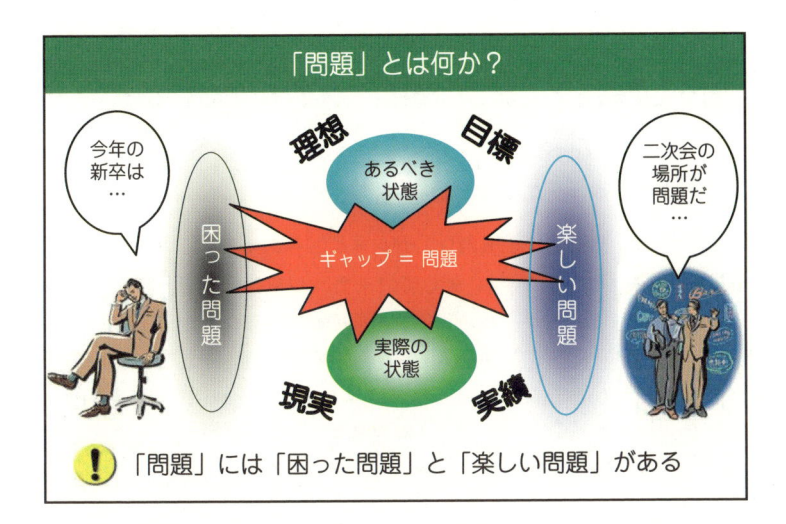

「問題」とは何か？

今年の新卒は…

理想　目標

あるべき状態

困った問題　ギャップ ＝ 問題　楽しい問題

実際の状態

現実　実績

二次会の場所が問題だ…

❗ 「問題」には「困った問題」と「楽しい問題」がある

成」という「問題」が存在していることになる。

　身の周りにもたくさんの「問題」が存在しているはずだ。金銭の問題、成績の問題、就職の問題、家族の問題、友人関係の問題など。企業にも、人事政策の問題、財務戦略の問題、物流システムの問題、販売促進策の問題などが山積している。また、わが日本国に目を向ければ、外交問題、教育問題、政治とカネの問題などなど枚挙にいとまがない。

　そして「あるべき状態」と「実際の状態」との「ギャップ」が「問題」だとすると、その「ギャップを埋める、あるべき状態に近づける」ことが「問題解決」ということになる。「オリンピックへの選考資格がない」のであれば「選考資格を取得して」オリンピックに出場することが「問題解決」に近づくこととなる。「ノルマ未達成」であれば「販売を促進」させて売上目標を達成することが「問題解決」となる。ここでは、単純に「問題とはあるべき状態と実際の状態とのギャップである」と理解しておこう。以下「問題」について、いろいろな角度から見てみることにする。

「困った問題」と「楽しい問題」〜人生は「問題解決ドラマ」〜

「問題解決」の世界では、「困ったこと」だけではなく「楽しいこと」も対象として扱う、ということを確認しておこう。

日本人は、昔から「問題解決」が好きな国民のようだ。古くは『月光仮面』に『ウルトラマン』。そして『チェンジマン』に『ドラゴンボール』。さらには『セーラームーン』や水戸の黄門さまなども、みんな困った人々を助け、問題を解決して国民に愛されてきた。そして、私たちも一度はかっこいいコスチュームを身にまとって悪と戦い、「問題を解決したいと夢を見た」と、どうも「問題解決」と言うと「困ったことを解決する、悪い状態を良くする」というイメージを想定してしまう。

「問題解決」というテーマをマイナーな視点でとらえ、「面倒くさい」「自分には関係ない」「できればかかわりたくない」と避けてしまう。それこそ「困ったこと」であり「問題」である。「問題解決」とは、マイナーなテーマだけを扱うものではない、ということを最初に理解してもらいたい。問題解決には「困った問題」だけでなく、楽しくてわくわくするような「楽しい問題」の解決もある。

例えば「大学時代にヨーロッパ一周旅行をしたい」「ユニバーシアード大会で金メダルを獲得したい」「理想とする企業に就職したい」「将来、彼女（彼氏）と結婚したい」「ミス・キャンパスに挑戦したい」などなど、想像するだけでもわくわくするが、残念ながらそう簡単には事が運ばない、といったテーマ。これらも、りっぱな「問題」である。企業の「5年以内に株式を公開したい」「会社の保養施設をハワイに設けたい」なども建設的で楽しい「問題」である。

すでにお気付きのように「問題解決」とは、「困った〜」「楽しい〜」にかかわらず「かくありたい」という「人間や組織の意志・願望」のもとに「理想・希望・目標」を達成するための行為である。そして、実は

「困った問題」も「楽しい問題」も、解決するための「手順」や「考え方（思考法）」は基本的に同じなのである。問題のとらえ方や動機が異なるだけだ。仕事や趣味をエンジョイし、生活の充実している人は「楽しい問題」の解決方法を知っているし「困った問題」に対しても前向きに対処しているはずだ。昔から「よく学び、よく遊べ」と言われる訳はそこにある。楽しい「遊び」からも「問題」を解決するための「知恵」がはぐくまれるのである。

　人生は「問題解決ドラマ」であると言ってよい。悲劇もあり喜劇もある。長編や短編もある。幸か不幸か、このドラマから逃れることはできない。ならば、これら「困った問題」「楽しい問題」を大いにエンジョイしてみようではないか。

「現象＝問題」ではない　～先入観は禁物～

　では、次の文章を読んでみてほしい。

　よく晴れた春の日の午後、野山を散策していた。すると、パチパチという雑木の燃えるような音とともに、白い煙に包まれてしまった。音のするゆるやかな斜面に出てみると、あたり一面、火の海になっているではないか。しかし、まだ消防車のサイレンは聞こえていないし、その気配もない。諸君はとっさに携帯電話に手をやるに違いない。「これは問題だ」と。

　はたして、この光景は「問題」だろうか？　すぐにはわからないはずだ。つまり、この「火の海」が何であるのか？　もしこれが「山火事」であるならば確かに「問題」だ。なんとしても火を消さなければならない。しかし、これがただの「野焼き（※）」であるならば、何ら「問題」ではない。消防車を呼ばれては困るのである。単純な例で恐縮だが、これは一つの例えである。「問題」であるかそうでないかは、見ただけではわからない。たとえ異常な光景であったとしても「現象」だけを見て

「問題」であると判断することはできないのである。

※ 野焼き：新草をよく生えさせるために、早春のうちに野を焼くこと（『広辞苑』〔第五版、以下同じ〕）

　人間には、先入観でものを見たり判断したりする習性がある。大人から見て「問題」だと思うようなことを子供がしてしまった場合、理由も聞かずに、原因も確認せずに、叱ったりたたいたりする大人を見かける。その大人にとって、叱ったりたたいたりすることが最善の「問題解決策」なのだろうが、とんでもない話だ。このような問題がますます深刻かつ複雑になっていく例を、教育現場や家庭の問題としてよく知っている。

　どんなにささいなことでも、また異常に思えることでも、その現象を見たままで判断したり結論を急いだりしてはならない。はたして「問題」なのかそうでないのか、冷静に見つめ、判断すべきである。

「問題」の昨日・今日・明日　～「問題」の時制～

　「問題」にも、昨日・今日・明日、すなわち「時制」があるということを知っておくことは有益である。目の前で起きている問題だけが「問題」ではない。すなわち、すでに顕在化している「現在（今日）の問題」に対して、すでに起きてしまった「過去（昨日）の問題」、今発生はしていないが今後発生が予測される「将来（明日）の問題」だ。「なんだ、そんなことか」と思われるだろうが「問題の時制」を切り分けて考えることはとても重要である。

　目の前で起きている「現在の問題」を解決することに異論はないが、対処療法的に「現在の問題」にのみ走り回るようでは真の問題解決には至らない。同様の問題が二度と起こらないような解決策を講じて、つまり「将来の問題」発生を予防して、初めて問題を解決したと言えるだろう。

アメリカ同時多発テロの発生以来、企業の最重要課題の一つとして、いっそう関心を深めている「リスク管理」は「将来の問題」を扱う一例だ。「リスク管理」の目的は、組織における「将来の問題」を予測し、発生を未然に防ぐとともに、発生した場合でも被害を最小限に抑えることである。「テロ・リスク、信用リスク、ネットワーク・リスク、人材流動化リスク、感染症リスク、震災リスク」など対象とする範囲は広い。

　企業においては、役職が上位になればなるほど「将来の問題」を扱うことになる。中長期的な事業戦略はその代表例と言える。いずれ諸君もかかわることになるであろう「製品戦略、技術戦略、財務戦略、人事戦略、マーケティング戦略、情報化戦略」などは、いずれも会社の将来ビジョンを具体化するものである。

　ちょっと脱線。ところで、諸君は「戦略」「戦術」という言葉を使うことがあるだろうか？　ビジネスの世界では頻繁に使われる言葉だ。ともに元は軍事用語であるが「戦術」は「目的を達成するための具体的な方法」で「戦略」は「戦術より広範かつ中長期的な作戦計画」である。「戦略」は、より高い視点をもって、社会や会社の将来を予測するところから始まる。すなわち「将来の問題」を対象とするものだ。「自分未来史」と「自分作り」は戦略で「アクションプラン」が戦術と言える。戦術レベルのアイデアを「戦略」と言ってはばからない経営者も多いが、この言葉の使い分けを誤らないようにしなければならない。

　「将来の問題」や「現在の問題」を扱うときに参考になるのが「過去の問題」だ。「もう過ぎた問題はどうでもいい。過去は過去だ」などと言ってあまり過去に目を向けない人もいるが、そう捨てたものではない。過去から現在への対象の変化（推移）や因果関係の分析などは将来予測、つまり「将来の問題」解決には欠かせない。

　私の好きな日本のサスペンス・ドラマの特徴は、「現在の問題」である殺人の動機のほとんどが「過去の問題」に起因していることだ。2時間番組の残りの20分ほどで、容疑者が長々と過去の事実を解説（自

供）してくれるのはありがたいが、それを見せられていない視聴者にとっては「何だよ」である。当然ながらドラマの前半は退屈だ。しかたがないので出演者の「名前と顔で今夜の犯人を推理」して楽しんでいるのは私だけだろうか？

がんばれ大学生 ①

「出る杭」になろうよ

「出る杭」「出る杭(くい)は打たれる」ということわざがある。「すぐれてぬけ出ている者はとかく憎まれる(広辞苑)」という意味だが、こんなことわざがあるくらいだから日本の社会では「出る杭」になることには抵抗がある。企業では、上司の顔色をうかがって「前に出ないが遅れない」ように努めている人たちが多いらしい。かつては上司のご機嫌を損なわないように何でも「はい」と答える「イエスマン」が出世の条件でもあったらしい。

状況の変化？ ところが、少し状況が変わってきたようだ。創業者の遺産でここまで持ちこたえてきた日本企業も、このところの景気低迷と外国資本の健闘でそうとばかりは言っていられない状況のようだ。最近は「個性」を言い始めている。諸君にとっては絶好のチャンスである。若者の個性に期待が寄せられているのだ。ぜひ「問題解決力」を武器に、個性を発揮して社会に新風を送り込む「出る杭」になってほしい。

就職活動での見極め 諸君に期待するのは簡単だが、相手のあることなので見極めが必要だ。私のサラリーマン生活はラッキーだったと言えるかもしれない。私は自分の意見やアイデアを明確に主張するタイプだった。時には「打たれた」こともあるが「だったらお前がやってみろ」とチャンスを与えてもらったことが多かった。そんな社風の会社だったからだ。諸君の就職活動では、そこ(社風)を見極めてほしい。会社案内やホームページではどんなにでも美しく書ける。会社説明会やOB・OG訪問などに、実際に足を運んで諸君のその目で見極めてほしい。諸君に求められているのは「出る杭」なのか「イエスマン」なのかを。

打たれて弾くなろう！

がんばれ大学生 ②

「先悪の後善し」だぞ

仕事哲学 私は、サラリーマン時代にすばらしい上司や先輩に恵まれた。その中の一人、Y部長（当時）は、全国オンライン化プロジェクト（情報プロジェクト）を通じて、私たちメンバーに事あるごとに仕事に対する基本的な姿勢や考え方を示してくれた。私がまだ二十代のころの話である。

先悪の後善し その一つが「先悪の後善し（さきわるのあとよし）」である。上司に「どうだ調子は？」と問われて「はい順調です。何々については予定通りうまくいっています」と、ついつい私たち若い担当者は、本能的に「よい報告」をしてしまう。これに対してY部長は「そんなことはどうでもいい。何か問題は無いか？困ったことは無いか？私の出番は無いのか？と聞いているんだ」。

なぜ？ つまり、仕事を計画どおりに進めるのは当たり前であって、それがうまくいかないのは何らかの問題が発生している証拠。その問題を担当者の力だけで解決できない場合、組織的なアクションが必要になる。それこそ責任者であるY部長の出番だ。そのアクションは早ければ早いほど効果は大きく被害は小さい、というわけだ。

リスク管理の原点 われわれは、スケジュールの厳しい情報プロジェクトを通して「悪い報告を先に、よい報告はあとで」が、いかに意味のあるものかを体験したのである。私はこのとき「リスク管理」の原点を教わったような気がしている。後年、私はいくつものプロジェクトを担当したが、いつも「いいか、報告は『先悪の後善し』だぞ」というY部長の言葉を忘れたことはない。

がんばれ大学生 ③

極真大山館長の「三角生活のすすめ」

大山倍達館長の訓話　若いころに「極真カラテ」に入門したことがある。忙しい仕事の合間を縫って東京池袋の本部道場に通った。2時間の猛稽古のあとにいつも大山館長（当時）の訓話があった。そこではカラテの技術的な話などはほとんど無く、道場生に対するものの考え方や生活へのアドバイスが多かった。その中で印象に残った話の一つに「三角生活のすすめ」があった。

「三角生活」とは？　大山館長が勧める「三角生活」とはどんな生活だろう？「自宅と学校や職場を往復するだけの生活を送ってはいけない。もう一か所どこかに立ち寄って、毎日三角形のルートを回る生活をしなさい。スポーツでも趣味でも勉強でもいい。もちろん時間が取れるなら四角生活でもいいですよ」。

なぜ「三角生活」？　「活動範囲が学校や職場だけでは狭すぎる。特に若いうちは活動範囲を広げることによって、知識や見聞を広げたり、身体を鍛えたりするだけではなく、いろいろな世界の人との交流を深め、考え方や視野の幅と奥行きを広くすることに努めなさい」ということである。確かに同じ学校や会社に何年も在籍すると、知らない間にものの見方や考え方が似てくるものだ。その学校や会社のカラーに染まってしまうのだ。私は家族の理解のもとに、今も「三角生活」を継続している。

第2章

問題解決の手順

本章では、問題解決力の最初の「道具」である「問題解決の手順」を概説する。一般論をベースとしているが、「手順」が頭に入っていると、世の中の組織がどのように物事を進めているのかという基本的な流れを理解することができる。

官民問わず、新規の事業や新たな取り組みには「プロジェクト体制」を採用するところが多いが、これに参加するには本章の理解は必須だ。

また「手順」は、卒業論文や各種レポートの記述、ゼミでのプレゼンの進め方など「大学時代」の問題解決にもいろいろ応用できるだろう。

1. 手順のあらまし

三つの「フェーズとモード」 ～*発見・デザイン・実行*～

問題解決の「手順」を個々に見る前に、全体を三つの「フェーズ（局面）」でとらえてみよう。問題解決とは「発見し、デザインし、実行する」行為である。解決すべき問題を見つけ（発見し）、どうするかを考え（デザインし）、実施（実行）する、という三つのフェーズである。そして、それぞれのフェーズには意識しなければならない「モード（姿勢）」があることも理解しよう。

- 【ⅰ】発見フェーズ　　　⇒　発見モードで
- 【ⅱ】デザインフェーズ　⇒　デザインモードで
- 【ⅲ】実行フェーズ　　　⇒　実行モードで

最初の「発見フェーズ」とは、

1）解決すべき「問題」を特定し
2）その問題を発生させている「原因」を突き止め
3）手を打つべき「課題」を設定する

局面である。「何を、なぜ解決するのか」を明確にするフェーズである。

> ## 問題解決手順
>
> 【ⅰ】発見フェーズ（発見モードで）
>   ① **問題の特定**
>   ② **原因の発見**
>   ③ **課題の設定**
>
> 【ⅱ】デザインフェーズ（デザインモードで）
>   ④ **解決策のデザイン**
>   ⑤ **行動計画の策定**
>
> 【ⅲ】実行フェーズ（実行モードで）
>   ⑥ **実行**
>   ⑦ **評価**
>
> 問題や原因を「発見」してどうするかを「デザイン」して「実行」すればいいのよ！
>
> ⚠ 覚え方は？
> 「門限抱え口実評価（モンゲン カカエ コウジツ ヒョウカ）」

ここでは、目を皿のようにして、解決すべき「問題そのものの発見」にのみ精力を注ごう。まだ「解決策」に思いをめぐらす必要はない。「How（どう解決するか？）」ではなく「What（何を？）」と「Why（なぜ？）」に注目する。この姿勢が問題解決における「発見モード」である。

続く「デザインフェーズ」とは、「発見フェーズ」で設定された「課題」について

4)「解決策」をデザインし
5)「行動計画」をデザインする

局面である。

ここから「How（どう解決するか？）」に視点を移そう。このフェーズでは、徹底的に「アイデア出し」を行い、解決に必要な技術・道具・方法などに関する情報を集め、検証し、具体的な「解決策」と「行動計画」を描く、といった「デザインモード」にギヤチェンジしよう。

最後の「実行フェーズ」とは、「デザインフェーズ」で描かれた

6）行動計画を「実行」し
7）途中経過と結果を「評価」する

局面である。

　「実行」とは、わき目もふらずに作業を黙々とこなせばよし、ということではない。このフェーズでは「品質（成果）」「納期（期間）」「費用（予算）」の観点から、計画と結果（実績）を「比較・評価」しながら進む。つまり「進ちょく（See）」をしながら「行動（Do）」するという「実行モード」が要求されるのである。

問題解決の基本手順　〜*解決策先にあらず*〜

　各工程の説明に入る前に、この流れ（手順）をしっかり頭に入れておこう。

【ⅰ】発見フェーズ
　① 問題の特定
　② 原因の発見
　③ 課題の設定

【ⅱ】デザインフェーズ
　④ 解決策のデザイン
　⑤ 行動計画のデザイン

【ⅲ】実行フェーズ
　⑥ 実行
　⑦ 評価

　覚え方は「**門限抱え口実評価**（モンゲン、カカエ、コウジツ、ヒョウカ）」である。①から⑦までの各工程の頭1〜2文字のゴロを無理やり

合わせ、つなげただけものである。「いつも『門限』を守らない寮生の言う『口実』をたまには『評価』してあげよう」という「寮長の話」だと頭の隅に置けばよい。

すべての問題をこの手順に沿って解決せよ、ということではない。問題の大きさや複雑さによって、省略できる部分もあると思う。ただ、一部の「工程」を省略することはあっても、三つの「フェーズ」と「モード」をごちゃ混ぜにしてはいけない。正しい問題解決を行うためには、この基本的な順序（発見→デザイン→実行）を守ってほしいのだ。注意したい例をあげる。

会社内の業務改善プロジェクトに「パソコン」に詳しいメンバーが参加していると、短絡的に「○○システムの構築」「××のデータベース化」などといった「解決策」がすんなりと決定されてしまうケースがよくある。問題の本質的な原因分析や課題設定を飛び越えて、目の前にある「パソコン」という「ソリューション（解決策）」を選択してしまうという、手順を誤った例である。

最近は「何でもIT（情報技術）」「何でもコンピュータ」が業務改善の前提になっており、問題発生の本質を追求しないまま、ITソリューション（情報技術をベースとした問題解決ソフトウェアなど）の導入を「前提」とした業務改善プロジェクトが多い。コンピュータは、あくまでも道具であり「手段」である。問題解決の「目的」ではないのである。「解決策先にあらず」である。以下、順を追って「プロジェクト活動」を想定した、各工程の概要と留意すべきポイントをあげる。

2. 発見フェーズ

① 問題の特定　～*最も重要な工程*～

「問題の特定」とは、文字通り「解決すべき問題を特定する」ことであ

る。「問題」とは「あるべき姿・理想・目標」と「現実」とのギャップであるが、必ずしもギャップの要素は一つとは限らない。目標が大きければ大きいほどギャップも大きい。つまり問題視したいテーマも数多くあるものだ。それらをすべて完璧に解決することができれば完全解決となるのだろうが、現実にはそうはいかない。問題解決に掛けられる時間や費用、そして人員数などには限りがある。そこで、より解決効果の大きい「問題」を取り上げる必要がある。その作業が「問題の特定」である。

「問題解決」活動の中で、最も重要な工程がこの「問題の特定」である。
「えっ？『解決策のデザイン』が一番重要ではないんですか？」
「いや『実行フェーズ』だろう！」
なぜ「問題の特定」が最も重要なのか？ それは、「問題解決」の最初の仕事であり、特定された問題が、その後の「方向を決定付ける」からである。最初に対象とすべき「問題」を誤って選定した場合、その後の「解決策」から「実行」までのすべてを誤ってしまうことになる。それは、問題解決の目的である「目標や理想」に近づくことができなくなることを意味する。

例えば、ここに伸び悩んでいるお相撲さんがいるとしよう。身長は176センチで体重は125キロ、けっして恵まれた体格とは言えない。このままではとても上位は狙えない。兄弟子の一人は「体重を増やせ」というが、別の兄弟子は「筋力を強くしろ」と言う。体重を増やすためには昼間は寝ていなければならないし、筋力を付けるためには昼間は筋トレに集中しなければならない。両立を狙った稽古の結果が今の状態である。強くなるためにはどちらを選択すればよいのか。体重（脂肪）を取るか筋力（筋肉）を取るか？ 彼は悩む。これは極端な例だが、どちらを解決すべき「問題」として扱うかによって、取るべき対策と結果が変わってくるのである。

「問題の特定」で留意すべき第一のポイントは、「誰にとっての問題なのか？」を明確にすることだ。「問題の主体は誰か？」ということであ

【ⅰ】発見フェーズ

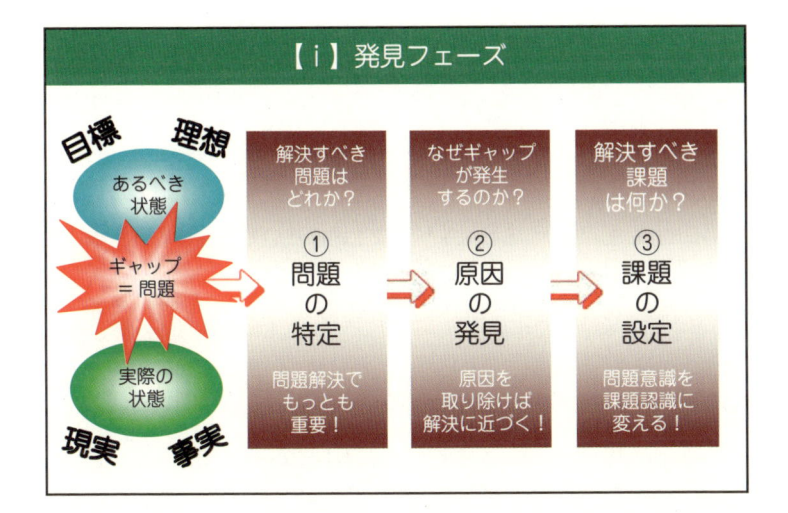

目標 / 理想
あるべき状態
ギャップ＝問題
実際の状態
現実 / 事実

解決すべき問題はどれか？
① 問題の特定
問題解決でもっとも重要！

なぜギャップが発生するのか？
② 原因の発見
原因を取り除けば解決に近づく！

解決すべき課題は何か？
③ 課題の設定
問題意識を課題認識に変える！

る。ある一つの問題を論議しても、立場によって見方や考え方は異なるものだ。例えば、ある商品の値段が高いと感じるか安いと感じるかは、年齢層や所得水準の違いによって異なるだろう。異なる立場同士でいくら論議してもらちがあかない。経営者の視点に立った問題解決なのか、現場担当者の視点に立った問題解決なのか？　問題解決の「主役」は、消費者なのかメーカーなのか、ということを最初に明確にすべきである。

　第二のポイントは、「問題解決の目的・目標」を明確にし、常に意識をそこに置くことだ。あたりまえのことなのだが、これがなかなか難しい。議論が白熱するにつれ、話がだんだんと当初の目的からそれてしまうといった経験は誰にでもあるだろう。「あれ、ところで今日の目的は何だったっけ？」と、誰かが気付いてくれればよい。前述の例のように、当初の「目的」を棚に上げ、いかに「パソコンをうまく使いこなすか」などという「手段」論議に短絡することのないように。「初心忘るべからず」である。

　第三のポイントは、「より本質的な問題」を探し出すことである。枝

葉末節にとらわれるのではなく、あるべき姿とのギャップの中で、より本質的な問題に目を向けるのである。「本質的」については、第3章の「本質思考」を参照してほしい。

第四のポイントは、「関係者全員の共通理解」を得ることである。つまり「問題意識を共有する」ことである。このことは、組織やグループで「問題解決」を行う場合、すべての工程において共通して言えることだが「問題の特定」では、特に重要だ。

【K子さんの場合】この章では、「美しくなりたい（理想）」と願う女子大生のK子さんに登場してもらい、わかりやすい事例で問題解決の「手順」を追ってみることにしよう。

K子さんが、鏡の前に立って「これじゃダメだわ（現実）」と思ったときに「問題」は発生した。では何が「問題」なのか？ 理想と現実のギャップは何か？ 「服装がダサイ」「ヘアスタイルが古臭い」「かなり太め」「表情が暗い」「化粧が下手」などなど問題視したいテーマは多い。さて、ここでどれを「解決すべき問題」として「特定」するか？ 服装、髪、表情、化粧などは「問題解決」として大げさに扱うほどのことでもない。本人にとって、より本質的かつ深刻な「太りすぎ」が解消できれば、服装その他の問題は連動して解消できるだろう。「太りすぎ」を「問題」として「特定」しよう。

② 原因の発見　〜幼児のように〜

問題が特定されたら、次はその問題を発生させている「原因の発見」だ。

「なぜ英会話が身に付かないか？」「なぜダイエットができないか？」などの身近な問題で、徹底した「原因の発見」をしないまま「解決策のデザイン」に走る人が多い。いろいろな教材を試したり、駅前教室に通ったりするがなかなか上達しない。また、いろいろな食事療法を試

> ## 「問題の特定」の留意点
>
> 1）「誰にとっての問題なのか？」を明確にすること
> 2）「問題解決の目的・目標」を明確にすること
> 3）「より本質的な問題」を探し出すこと
> 4）「関係者全員の共通理解」を得ること
>
> K子さんの場合
> これじゃダメだわ
> 現実

し、スポーツジムにも通ったりするがこれも納得できるウェイト水準を維持することができない。

「原因の発見」で留意すべき第一のポイントは、原因がわからない場合は必要な調査を行うことだ。「因果関係」という言葉があるように、物事の「結果」には必ず「原因」がある。必然か偶然かはともかく、必ず原因があるのだ。その原因を探し出し、手を打つことができれば問題は解決に向かうはずである。

・なぜ、その問題が発生したのか？（過去の問題）
・なぜ、発生しているのか？（現在の問題）
・なぜ、発生しようとしているのか？（将来の問題）
・なぜ、発生するかもしれないのか？（将来の問題）

解決すべき問題として特定されたテーマに対して「それはなぜか？」という問いを繰り返すのが「原因の発見」作業である。幼児がお母さんに「どうして？」と聞く。お母さんは「それはね、コレコレだからよ」と答える。幼児はさらに「それは、どうして？」と聞き返す。お母さん

は「それはね、これこれなのよ」と答える。この質疑応答は、お母さんの愛情、知識、忍耐力のいずれかの限界点まで続くことになる。

「原因の発見」作業はある程度のところでストップする。あるいはさせる。「どうして？」を繰り返していくうちに、本質的な答えにぶち当たるときが来たらそこがストップ地点だ。これが留意すべき第二のポイントである。

【K子さんの場合】　K子さんの「太りすぎ」の「原因の発見」について見てみよう。「どうして？」の答えは「カロリーの摂りすぎ」と「体質」が一般的だろう。そして「カロリーの摂りすぎ」は、ほとんどが「食べすぎ」か「運動不足」だ。この辺がストップ地点のようだ。また「体質」についての答えは「遺伝」か、食事を中心とする「生活習慣」が一般的だが、そのいずれが真の原因であるかを判断するのはそう簡単ではない。また、あまり深追いしてもK子さんの問題解決には即効力はなさそうだ。これもここでストップしてよいだろう。

第三のポイントは、多くの原因の中から、より影響度（＝解決効果）の大きいものを選択することである。問題によってはさまざまな原因が芋づる式に出てくることがある。これらの原因のすべてに対応していたのでは大変だ。より「本質的」と「解決可能」に焦点を当てることが肝要だ。

英会話やダイエットの例では、問題を解決できない人たちに共通した本質的な原因が潜んでいる。それこそが「英会話ビジネス」「ダイエット・ビジネス」の恒久的な繁栄を支えている要因だろう。さて、その「どうして？」の答えは何だろうか？

【K子さんの場合】　太りすぎの原因は、食べすぎと運動不足による「カロリーの摂りすぎ」と「体質」であることが判明したが、どう考えても人の体質を変えるというのは容易ではない。ちょっと大変かもしれないが「カロリーの摂りすぎ」ならば現実的な解決ができそうである。これを次の「課題の設定」にバトンタッチしよう。

「原因の発見」の留意点

1) 原因が明らかでない場合は「原因調査」を行うこと
   ⇒ 「それはなぜか？」を繰り返す

2) 「原因調査」はある程度のところでストップすること
   ⇒ 本質的な原因が見つかった時点で

3) 原因の中からより影響度の大きいものを選択すること
   ⇒ 解決効果が大きいもの

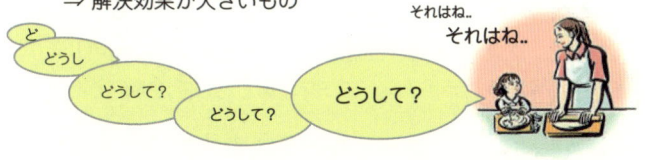

③ 課題の設定　～「問題意識」から「課題認識」へ～

「問題と課題って同じではないんですか？」と疑問に思うかもしれない。確かに広義にはどちらも「問題」だ。しかし「問題解決」の世界では、もう少し狭義に言葉を使い分ける。ニュアンスで言えば「問題」はproblem, trouble, question で「課題」は subject, theme といったところか。

「課題の設定」で留意すべき第一のポイントは、「問題」を積極的に「課題」として認識することである。「問題意識（受動）」するだけではなく、解決に向けた「課題認識（能動）」にギャチェンジするのである。ある「問題」の発生原因を追いかけていくと、いくつかの原因が浮上してくる。この原因を取り除いて、あるべき状態に持っていくために「取るべき行動」が「課題」であるが、問題を「問題」として受け止め、解決に向けた「課題」として認識することは問題解決への重要な「関門」である。遭遇する諸問題を、ただ「問題視」するだけでなく、解決に向けた「課題認識（能動）」にギャチェンジすることは重要である。

第二のポイントは、原因を取り除いて、あるべき状態に持っていくための「行動」を、より「本質的」にとらえ、より「普遍的」に表現することである。つまり、あえて具体的な解決策を連想させるような表現を避けるのである。これによって、次の「解決策のデザイン」での選択肢の幅が確保できるのである。

　例えば、従業員の「残業が多い」という問題の原因が「人手不足」であるとしたとき、課題を「従業員の確保」ということにしてしまうと、解決策は「従業員の増員」となってしまう。これを「人手の確保」と表現することによって「従業員間の負荷調整」「パートタイマーの採用」といった他の有効な「解決策のデザイン」につなげることができるのである。

【K子さんの場合】「太りすぎ」問題では、食べ過ぎと運動不足による「カロリーの摂りすぎ」という具体的な「原因の発見」を行った。そこで「食事制限によるカロリー摂取の低減化」という課題設定をしたくなるのだが、ここでは「食事の制限」という具体的な手段は表現しない。やみくもに断食などに走っては体調を崩すだけでなく健康を損なってしまう。その結果K子さんの表情がさらに暗くなってしまっては本末転倒だ。いや、それ以前にグルメなK子さんにとって食事制限という課題は受け入れられないだろう。

　そこで「目標体重を実現するためのカロリー・コントロール」という表現にする。カロリー・コントロールとは、カロリーの摂取量と消費量のバランスを調整するということである。食事内容の見直しや運動量の増減など手段は多岐にわたるが、この工程ではそこまでは問わない。具体的な解決策は次の「解決策のデザイン」で検討しよう。

　「スマートに美しくなりたい（dream）」というK子さんの「太りすぎ（problem）」を解決するために「目標体重を実現するためのカロリー・コントロール（theme）」を実施することを決めた。ここまでが「手順」の「発見フェーズ」である。

「課題の設定」の留意点

1)「問題視」から積極的に「課題認識」にスイッチすること
2) 課題をより本質的にとらえ、普遍的に表現してみること

3. デザインフェーズ

④ 解決策のデザイン ～アイデアを結集しよう～

「解決策のデザイン」では、設定された課題を解決するための「具体的な手段（仕組み・仕掛け・方法など）」をデザインする。問題解決活動の中で一番楽しい、ワクワクする工程である。一般的に「問題解決」と言った場合、この工程を指すことが多いのはうなずける。

「解決策のデザイン」で留意すべき第一のポイントは、その課題に関係する十分な知識や情報を収集することだ。業務改善テーマであれば、関連業務・IT・法務などの幅広い知識や情報が必須だ。カロリー・コントロール問題では、栄養学はもちろんのこと、運動生理学についての知識も必要だろう。この工程こそ、関連する各分野の専門家を交えるべきだ。

第二のポイントは、可能な限りの「アイデア」を結集することである。解決すべき「問題」が大きければ大きいほど、目標が高ければ高い

ほど、ざん新かつ創造的な着想が求められる。「着想」や「ひらめき」は、何もないところから突然生まれ出るものではないと言われる。「脳のひだ」に整然と蓄積された情報が「潜在意識」によって有機的に処理され、あるとき、何かのショックで突然「現在意識」に現れるのだ。アイデア抽出のための手法としては「ブレーンストーミング（※）」などが有名だが、ほかにもいろいろあるのでぜひ勉強してほしい。「問題解決思考法」もきっと役に立つはずである。

※　ブレーンストーミング（brainstorming）：米国で開発された集団的思考の技術。自由な雰囲気で、他を批判せずにアイデアを出し合い、最終的に一定の課題によりよい解決を得ようとする方法（『大辞泉』）

　少し脱線。「潜在意識」といえば、人が寝ているときに見ている「夢」は潜在意識の活動であると言われているが、私は何度もこれに助けられたことがある。仕事上の難問を夢の中で解決することができたのである。潜在意識は、起きているときも寝ているときも「無意識」に活動しているそうであるが、夜中に手洗いに起きてそのあとに夢の続きを見たことや、日をまたいで続きを見たこともある。私は、最初に「夢での問題解決」を経験したときから枕もとにメモ用紙を置くようにしている。

　第三のポイントは、複数の解決策をデザインすることと、それらを評価し、より優れているものを選択することである。評価の基準は、より効果の大きいもの、より理想に近づけるものである。ただし、次の第四のポイントをクリアすることが大前提となる。

　第四のポイントは、与件（与えられた条件）の範囲内で実行可能であることだ。つまり時間（期間）や費用、そして体制（人数）などの与えられた条件の下で実現可能な方法であることだ。そうでないと「絵に描いたもち」になってしまう。

　第五のポイントは、解決策が実施されている様子を具体的にイメージできることが重要だ。むしろイメージできなければその実施は難しいと言ってよいだろう。けっして「言葉の遊び」になってはならない。

「解決策のデザイン」の留意点

1) テーマに関係する十分な知識や情報を収集すること
2) 可能な限りのアイデアを結集すること
3) 複数の解決策をデザインし、より優れているものを選択すること
4) 与えられた条件下で実現可能な方法であること
5) 解決策が実施されている様子を具体的にイメージできること

方法
仕組み
仕掛け

【K子さんの場合】 さて、K子さんはどのような解決策をデザインしただろうか？ K子さんは、テレビや雑誌で紹介されているさまざまなダイエット情報を収集したり、エステやスポーツジムなどにも足を運んだりした。しかし、掛けられる費用や時間、難しい食品のカロリー計算などと、どれを取っても「私には無理だわ」という現実に直面してしまったのである。そこに登場したのが、K子さんの高校時代のクラスメートであり、現役のウェイト・トレーニング・コーチであるS氏である。

S氏はK子さんの話を聞き、すぐに次のような解決策をデザインしてくれた。それは「軽い運動を日常生活に取り入れる」ことと「食事を植物性（脂肪・たんぱく質）に変え」「極力、外食（外部調理物）は避ける」というごく普通のダイエット方法だった。この方法であれば「特別な費用も時間も要らないし、自分でもできる」とK子さんにも納得できたのである。

⑤ 行動計画のデザイン　～秀吉に負けるな～

「行動計画のデザイン」とは、デザインされた解決策を具現化するためのあらゆる作業の行動計画策定で、いわゆる「実行スケジュール」の作成である。「自分作り」で具体化した「アクションプラン」もそれだ。

本書で、行動計画の「立案」ではなく「デザイン」と表現したのには意味がある。問題の「解決策」を、できるだけ早く、安く、快適に具現化するためには、計画立案そのものにも「ざん新かつ創造的な着想と工夫」が求められるからだ。

木下藤吉郎（のちの豊臣秀吉）が、美濃（岐阜城）攻略の砦として織田信長の命を受け、一夜で築城したと言われる「墨俣一夜城」は普通の発想ではまずできない。藤吉郎は土木や建築などの専門家を集め、過去の失敗を分析し、地の利を生かした「行動計画をデザイン」したと伝えられている。

計画立案はビジネスマンの仕事としては基本中の基本だが、これができないビジネスマンが多い。どうも日本人は計画を立てて行動をするということが不得意な人種のようだ。計画立案手法に関する書籍はたくさんあるので必要に応じて勉強していただきたいが、ここではポイントだけを紹介する。

「行動計画のデザイン」で留意すべき第一のポイントは、目標地点から遡って作業項目を洗い出していくことである。つまり、目標地点（目標を達成した状況）に立つ前には「何が、どうなっていなければならないか？」を明らかにし、そのためには「具体的に何をしなければならないか？」を洗い出すのである。

あたりまえのことであるが「誰が？」「何を？」「いつまでに？」を明確にすることである。「誰」とは組織であったり人であったりする。「何」とは行動であり作業項目である。「いつ」とは日程である。いつか

> ## 「行動計画のデザイン」の留意点
>
> 1) 最終目標地点から遡って作業項目を洗い出していくこと
>   ⇒「誰が・何を・いつまでに」を明確に
>
> 2) 作業項目について具体的な行動のイメージを持つこと
>   ⇒「何をもとに・どんな作業で・どんな状態に」を明確に
>
> 3) 大日程・中日程・小日程を使い分けること
>   ⇒テーマやプロジェクトの規模によって
>
> 4) 実行可能であること
>   ⇒特に、時間軸と費用面での実行可能性は絶対条件

らいつまで作業をして、いつまでに完了させるか、を線引きするのである。作業と作業の前後関係や、人（組織）と人（組織）との連携を考慮しながら線引きを行う。

　第二のポイントは、日程表に描かれた作業項目について、具体的な行動のイメージを持つことである。具体的な行動（作業）のイメージを持つためには、「何をもと」に「どんな作業」をして「どんな結果（成果）」を生み出すのかを明確にすればよい。いわゆる仕事の「Ｉ・Ｐ・Ｏ (input・process・output)」を、関係者の誰が見てもわかるように表現すればよいのである。これが描けなければ行動計画を立てたとは言えない。

　第三のポイントは、「大日程・中日程・小日程」を使い分けることである。行動計画は、一般的には日程表やスケジュール表といった表形式で表現するが、１枚の紙にすべてを表現することは難しい場合が多い。プロジェクトの規模によっては、大・中・小を使い分けるとよい。

　「大日程」では、プロジェクト全体の大枠の日程計画を表現する。こ

日程計画表（例）

大日程計画表

作業項目		体制	第○期			第△期				
大分類	中分類	グループ名	200×年							×月
			1月	2月	3月	4月	5月	6月	7月	
基本計画		局面	要件定義				開発			
		工程	企画	基本設計			計画	提示	詳細	
調査・分析	現状調査	推進グループ	―							
	システム分析	推進グループ	―							
基本要件定義	課題設定	推進グループ	―							
	基本要件設定	推進グループ	―							
プロジェクト推進	プロジェクト計画	推進グループ						―		
	プロジェクト管理	推進グループ						―		
イベント	プロジェクト	―								
	全社	―								

中日程計画表

グループ名	推進グループ
作業大分類	調査・分析

作業項目		体制	200×年							
中分類	小分類	チーム名	1月				2月			×月
			1週	2週	3週	4週	1週	2週	3週	×週
現状調査	調査準備	Aチーム								
	調査実施	Aチーム								
システム分析	フロー分析	Aチーム								
	データ分析	Bチーム								
イベント	プロジェクト	―								
	全社	―								

> ❗ 「作業日程計画表」のサンプル。小日程は省略。
> 大日程・中日程・小日程とも共通の様式・作業管理番号で統一すると使いやすくなる。
> プロジェクト管理の専用ソフトを使うと便利。

【ⅱ】デザインフェーズ

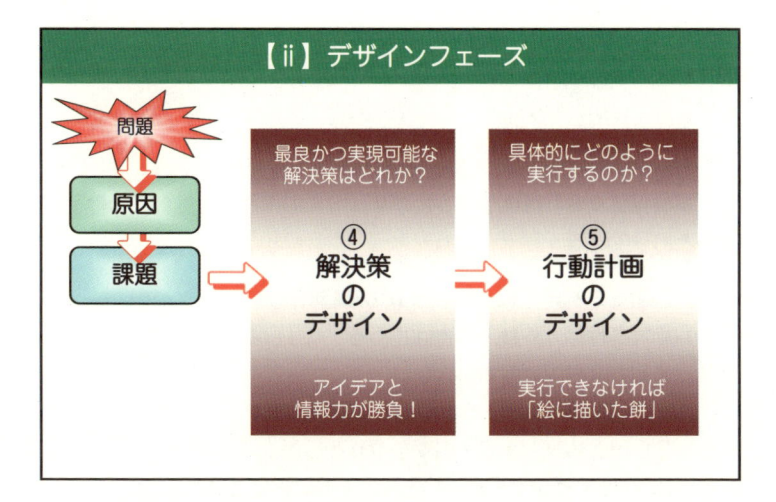

- 問題 → 原因 → 課題
- 最良かつ実現可能な解決策はどれか？ → ④ 解決策のデザイン（アイデアと情報力が勝負！）
- 具体的にどのように実行するのか？ → ⑤ 行動計画のデザイン（実行できなければ「絵に描いた餅」）

の場合の「誰」は参加する組織名（会社・部門・グループ・チームなど）が入ることが多い。「何」は工程名が入ることが多い。例えば「設備調達」「設備組立」「設備稼働テスト」とか。「いつ」は「年・月」単位の中長期が示されることになるだろう。

「小日程」では、チームごとの日程計画を表現する場合が多い。「誰」は個人名、「何」は「設備計画」「設備発注」「設備搬入受入」などの具体的な作業名。「いつ」は「週・日」単位の短期日程が示されることになる。

プロジェクトの規模が大きくなる場合は、「大日程」と「小日程」の間に「中日程」を設ける場合が多い。さらに「小日程」より細かい「細日程」を設ける場合もある。これは一般的には個人ごとの日程計画である。「何」もさらに細かく具体的になり「いつ」も「午前・午後」単位や「時間」刻みになる場合もある。

第四のポイントは、実行可能であることだ。特に、時間と費用面での実行可能性は絶対条件だ。「やればできるが、期間は2倍で人も3倍」

ではだめだ。「限られた条件の中で最高の成果を生む」というのが本来の仕事である。「誰がやっても同じ」では能がない。藤吉郎の「墨俣一夜城」まではいかないにしても、やり方の工夫は欲しい。

【K子さんの場合】　さて、K子さんとS氏の「カロリー・コントロール・プロジェクト」はどうなったか？　S氏の掲げた行動計画の骨子は次のとおりである。

1) 目標を3ヶ月で10キログラムの減量に設定
2) 絶対条件は、外食・間食は止める
3) 最初の2日間は何も食べない
4) 水分（お茶やスポーツドリンク）のみOK
5) 3日目から米・大豆・野菜を中心とした食事を開始
   （お昼は学校やアルバイト先なのでおにぎりと野菜を持参）
6) 4日目から2日ごとに、帰宅後のジョギングを開始
   （初日は10分間でその後4分ずつ増やしていく。60分が最長時間。スピードは息が上がらない程度にゆっくり）
7) 毎晩、S氏にメールまたは電話で行動の結果を報告する
8) 目標達成後の行動計画（プログラム）は実績を見ながらデザインする

4. 実行フェーズ

⑥　実行　～行動計画とのにらみ合い～

「実行」とは、文字通り「解決策」を「行動計画」に沿って実際に行うことだ。「実行」については特に説明することはないが、留意すべきポイントは「進ちょく」である。定期的に計画と実績とを照らし合わせ、計画どおりに進行しているかどうかを「時間」「費用」そして結果（成果）の「品質」について行うのである。プロジェクト管理者の最も

【ⅲ】実行フェーズ

- 課題
- 解決策
- 行動計画

⑥ 実行
- 品質・納期・費用が守れるか？
- 計画と実績の進ちょくが重要！

⑦ 評価
- 問題解決の「成果」と「方法」を評価する
- 失敗の中にも成果はあり、成功の中にも反省すべきはある

重要な仕事であり、毎日が行動計画とのにらみ合いである。

　もし計画どおりに進ちょくしていないということが判明した場合、以下についての調査と分析を行い、適切な処置を講ずる必要がある。

　1）他の作業への影響はどうか？
　2）原因は何か？
　3）課題は何か？
　4）対応策と見通しはどうか？

　処置を講じても計画どおりに進まない場合は、当初の行動計画を見直す必要が出てくる場合もある。いわゆる「軌道修正」である。プロジェクト体制内では解決できない外部要因に起因する問題などによって、軌道修正を余儀なくされるケースは多々あるものである。

【K子さんの場合】　K子さんとS氏の「カロリー・コントロール・プロジェクト」は順調に進んでいる。「毎晩、S氏にメールまたは電話で行動の結果を報告する」ことが、プロジェクト管理者であるS氏による「進ちょく」である。進ちょくは、計画と実績の照らし合わせという目

的のほかに、担当者（この場合、K子さん）の行動をけん制する目的もある。緊張感を維持し、集中力を持続させるための定期的な進ちょくは重要である。

　参考までにS氏の計画（K子さんのメニュー）は、私が若いころに実施した「スポーツ減量作戦」の一部である。友人の「ダイエット作戦」にも活用し、成功した実例である。

⑦　評価　〜成果と方法の吟味〜

　「評価」とは、プロジェクトの終了後において、当初の目標と結果を比較し、そのよしあしを判定することである。評価の対象は大きく二つある。問題解決の「成果」と「方法」である。

　「成果」の評価は、問題解決そのものの目的・目標が達成できたかどうかの評価である。これは、プロジェクトの終了時に結果が見える場合と、一定の期間を要する場合とがある。「オリンピックで金メダルを獲得する」というプロジェクトであれば結果は終了時に判明するが、「新入社員教育システムを改善する」というテーマでは新入社員への教育成果はすぐには判明しない。どちらの場合も「成果」が目標以下であるとしたら、なぜそうなってしまったのか、原因を探る必要がある。

　「方法」の評価は、プロジェクト（問題解決）活動そのものの評価である。「発見フェーズ」「デザインフェーズ」そして「⑥実行」のあり方などについての吟味である。目標の設定が甘すぎなかったか？　課題の設定を誤らなかったか？　解決策に問題は無かったか？　行動計画に無理はなかったか？　軌道修正のタイミングに問題は無かったか？　などなど。

　「方法」の評価は、たとえ「成果」が十分であったとしても必ず行うべき作業である。「失敗の中にも成果はあり、成功の中にも反省はある」。私の「スポーツ減量作戦」では、体重を落としすぎて（失敗）も

問題解決に役立つ手法・技法

	手法・技法	発見局面 問題特定	発見局面 原因発見	発見局面 課題設定	デザイン局面 解決策	デザイン局面 行動計画
1	ブレーン・ストーミング				○	
2	KJ法（H-KJ法）	○	○	○	○	
3	NM法				○	
4	ゴードン法				○	
5	デルファイ法				○	
6	系統図法				○	
7	自由連想法				○	○
8	ヒストグラム	○	○	○		
9	マトリクス図	○	○	○		
10	散布図	○	○	○		
11	パレート図	○	○	○		
12	PPP（Phased Project Planning）					○
13	WBS（Work Breakdown Structure）					○
14	TRM（Task Responsibility Matrix）					○
15	マイルストーン・イベント					○
16	ガント・チャート					○
17	PERT（Program Evalution Method）					○
18	CPM（Critical Path Method）					○

これらが役立つかどうかは、利用目的の明確化と各手法・技法の特徴などの理解、そして自分なりの「アレンジ」にかかっている

競技の記録（成果）がよかったこともあるし、反対に減量がうまくいった場合（成功）でも記録が悪かった（反省）こともある。

実践を通して得たものは、すべてがノウハウとなり、すべてが次に活きるだろう。組織にしても個人にしても、「問題解決力」は「問題解決活動」によってはぐくまれるのである。ビジネスで利用されている、問題解決に役立つ「手法」や「技法」の代表的なものをあげておくので、機会があったら書店をのぞいてみたり、ネットを検索してみたりするとよいだろう。

復習1：問題解決の手順

簡単な事例で「手順」を復習してみよう。ただし、内容の真偽は問わないこととしたい。なお「行動計画のデザイン」以降は省略する。また、解説も割愛する。

マンションの十二階に住む私大生A子さんのお宅から出火・延焼しましたが、幸い犠牲者はありませんでした。調査の結果、出火原因はA子さんの不注意によるてんぷら鍋の過熱・引火によるものと判明しました。

姉のB子さんによれば、A子さんは、引火した紙容器に水を掛けて消火しようとしたそうです。B子さんは外の廊下に消火器を取りに走りましたが、消火器を固定してある金具がなかなか外れず時間がかかってしまい、その間に火は台所中に広がっていたそうです。そのとき、天井に取り付けられたスプリンクラーは機能していなかったそうです。

B子さんは火災報知器のボタンを押すとともに、大声で隣家に駆け込み119番しました。ところが、最初の消防車が到着して消火作業を開始したのはその20分後だったそうです。夕方の道路の渋滞とマンション周辺に散在する自転車が消火活動を妨げたとのことでした。

① 問題の特定（何を問題としてとらえるか？）

　1）誰にとっての問題か？
　　(1) マンションの管理組合（居住者の集まり）の立場で問題を特定することとする

　2）問題解決の目的・目標・あるべき姿は？
　　(1) 火は絶対に出さないこと
　　(2) 万が一出火した場合は、速やかに初期消火を行い119番通報ができること
　　(3) いつでも円滑な消火活動ができるようにしておくこと

　3）問題は何か？
　　(1) 出火をしてしまったこと
　　(2) 初期消火がうまくいかなかったこと
　　(3) 消防車による消火作業が遅れたこと

② 原因の発見（問題の発生原因は？）

　1）出火原因は？
　　(1) A子さんの不注意によるてんぷら鍋の過熱による引火

　2）初期消火の失敗原因は？
　　(1) A子さんの初期消火ミス（水の使用）
　　(2) 外れにくい消火器の取付金具
　　(3) スプリンクラーの故障

　3）消火作業の遅延原因は？
　　(1) 夕方の交通渋滞による消防車の到着遅延
　　(2) マンション周辺に散在する自転車による作業妨害

③ 課題の設定（再発を防止するためには？）

　1）各家庭への防火・消火に関する注意喚起と指導

(1)　炊事でのガス器具等の取扱い注意
　(2)　初期消火に関する知識と行動指針

2）消火設備の完全稼動
　(1)　消火器
　(2)　スプリンクラー

3）消火作業妨害環境の排除
　(1)　散在自転車
　※交通渋滞については管理組合では対応不可能

④　解決策のデザイン（具体的な手段は？）

1）各家庭への防火・消火に関する注意喚起と指導
　(1)　防火・初期消火に関するマニュアル、ステッカーの配布
　(2)　防災訓練時の消火器取扱い訓練の徹底

2）消火設備の完全稼動
　(1)　消火器取付金具の交換と定期点検
　(2)　スプリンクラーの修理と定期点検

3）消火作業妨害環境の排除
　(1)　自転車置場の改善（設置場所のロープ張りと線引き）
　(2)　自転車設置に関する注意喚起（回覧板、ポスター）
　(3)　管理委託業務の追加（定期点検と整備）

復習2：研究活動への適用例

　では、「ゼミ」や、近い将来の「問題」である「卒論活動」を問題解決の手順に当てはめるとどうなるか？　紙数の関係で「研究事例」は紹介できないが「手順」の理解に役立たせていただきたい。なお、これは一つの適用例であり、すべての研究活動に当てはまるわけではないので

ご容赦願いたい。

①問題の特定（何を研究テーマに取り上げるか？）

　研究活動の対象分野と「テーマ」を特定する。大学生の場合、すでにゼミや卒論のテーマが設定されている場合もあるので、その場合は省略となるが、なぜそのテーマが設定されたのかについての認識（問題意識）は重要である。

②原因の発見（なぜ研究テーマになりうるのか？）

　特定されたテーマが「研究テーマ」になりうるのか？　なぜ、そう言えるのか？　という視点で、既存研究（先行研究、類似研究）や一般に認知されている情報を調査することによって、新たな疑問や発見・発明の切り口を見出すのである。そこに価値を見出すことができれば次に進んでよい。そうでなければ振り出しに戻るべきだろう。

③　課題の設定（どのような「仮説」を設定するか？）

　前工程での「発見」や「疑問」から、新たな「仮説」を設定する工程である。一番重要かつ、楽しい工程だろう。テーマに関する学識をベースに、創造力と想像力を集中すべきところである。もし、ここから新たな「発見」や「発明」が誕生すれば...。

④　解決策のデザイン（いかに「仮説」を証明するか？）

　「仮説」を証明するための「方法（手段や手順）」を練る工程である。ここでも、いろいろな調査や実験を設定するために、基礎的な知識（定義や定理など）や研究方法に加え、創造力と想像力が要求される。主要な研究が有効であることを証明するための補助的な調査や実験も必要となるかもしれない。

⑤　行動計画のデザイン（具体的なアクションプランは？）

　具体的な「行動計画」の策定である。重要なことは、次工程で必要と

なる結果データの種類や単位、収集方法などについても具体的にし、役割分担を明確にすることである。限られた時間、費用、人員数の範囲内で実施可能な計画を組まなければならないことはすでに確認した。

⑥ 実行（研究の実施と結果の収集）

行動計画に基づいた研究の「実施」である。

⑦ 評価（成果のまとめと「仮説」の証明）

行動計画に基づき、収集された結果を整理・集計し、「成果（結果・考察・結論）」としてまとめる。一連の活動と成果は「論文」や「レポート」としてまとめられることになる。

がんばれ大学生 ④

「メモ」は重要な情報部品

メモの目的 メモを取ることの必要性についてはあまり多言を要しないだろう。しかし、ビジネスマンでも実行している人は意外と少ない。単なるメモも「目的」を意識して活用すれば問題解決の大きな武器になる。メモは重要な情報部品なのである。私のメモは「記録・ひらめき・コミュニケーション」を目的にしている。

記録 私は商談や会議の準備・記録用には手帳サイズで薄型のメモ帳を使用している。大型のノートと違い上着の内ポケットにも入るので、いつでもどこでも取り出して使えるのがミソ。混雑した電車の中などもOK。お得意先やテーマなどカテゴリー別に表紙の色を使い分けしている。

ひらめき ヒラメキや思いつきはいつどこで発生するか予想がつかない。ほっておくとすぐに眼前から消え去り、思い出すことさえできなくなってしまう。私はこのチャンスを逃さないために、手洗いの壁、浴室（脱衣室）の壁、寝室の枕もとといった家のあちこちにメモ用紙と鉛筆を置いている。車の運転席やランニング用のウエストポーチにも入れてある。アイデアの断片が次のアイデアを触発してくれる。

コミュニケーション 商談相手などとの応接室や喫茶店、居酒屋などでの打合せの際に使用する大型のメモ用紙。話が進み整理が必要なところで取り出し、要点を「図解表現」して「…ということですよね」とレビューを入れる。最初はいぶかしげにしていた相手もそのうちに私の筆記用具を奪い取り、いろいろと書き込み始める。しめたものである。それまでの単なる「お話」がイメージ図や文字と一緒に生きたものに変化していく。メモ用紙がホワイトボードに早変わりするのである。私はいつもカバンに何種類もの大きさのメモ用紙を持ち歩いている。

こんな感じで？

がんばれ大学生 ⑤

「活動記録」を付ける

体験のインデックス　「体験」は貴重である。われわれ人間は、生まれてからずっと体験を通して成長を続けている。そして、その最終形が現在の自分だ。ところがその体験についての詳細はほとんど記憶にない。いや脳には刻まれているのだが思い出せないだけなのだ。「そうだ、体験のインデックスだけでも記録しよう」と思い立ったのは二十代の後半だったろうか。

活動記録の方法　日々の活動をすべて記録することは到底できない。しかし脳には刻まれている。それを引き出す「ひも」つまり「インデックス」を記録すればいいのだ。当初は日記形式のビジネス手帳を使用した。まだパソコンがない時代だ。仕事用・プライベート用・トレーニング記録用と3冊に分けてその日のトピックスを記録した。現在はパソコンを利用している。パソコン日記にはネットの新聞記事や写真などもはり付けている。その流れで仕事や家族、健康や趣味などのテーマ別の活動記録も付けている。就寝前の日課にしているが15分もあれば十分だ。その日のメモ帳やメモ用紙もネタにしている。

活動記録の活用　何かに使おうと思って始めたわけではないがこれがとても役に立つ。かなり以前の出来事でもその日のほかの記載事項との関連で、そのときの情景がよみがえってくるのが不思議だ。さらにパソコンを活用し活動記録とそれらに関連する情報を整理することによって、自分自身の情報体系のようなものが出来上がってくる。当初は意義を感じられないかもしれないが長く続けていると価値が見えてくる。これから諸君が遭遇するであろう「就職・仕事・家庭の問題」解決に必ずや役に立つはずである。ちなみに本書は、私の「活動記録」からの転用である。

一日の終わりに

がんばれ大学生 ⑥

目の前の「壁」

手洗いの壁　わが家の手洗いの壁には壁紙が見えなくなるほどにいろいろな紙がはられている。新聞記事の切抜きや雑誌のコピー、ポスターなどなど。奥さんは壁が穴だらけになるのでいい顔をしないが、私は「貴重な空間を活用しない手はない」として、手洗いの壁だけは自由に何をはってもよいことにしている。

成功事例　息子が大学受験のときに、世界史の文化史がなかなか覚えられないと言うので「だったら、テキストをコピーして手洗いの壁にはって覚えればいい」とアドバイスした。Ａ４判で 10 枚ほどもあったろうか。手洗いに入るたびに私も眺めていたが、そのうちに覚えやすいようにと人名と作品名を使ったゴロ合わせ文章を書き込み始めた。試験問題に、そのゴロ合わせ作品からも出題されたという。息子は今でも「あの手洗い塾のおかげで志望校に入れた」と言っている。

毎日目にすることの効用　私は、手洗いだけではなくオフィスや自室の壁にも、自由にはり紙をしてよいホワイトボードやコルクボードを取り付けている。忘れてはいけないメモ書きはもちろんだが、覚えたいこと、身に付けたいこと、アイデアをひねりたいことなどを書き込んだ紙をはって、いつも眺めているのである。暗記事のほかにじっくりと頭にしみこませたいことや時間をかけて身に付けたいことなどは誰にもあるはずだ。これらは何度も何度も目にし、思考・連想・瞑想することによって効果が現れるのである。手洗いや自室など、一人になれる場所ならより効果的だろう。なんでもかんでもパソコンや机の中にしまい込めばいいというものではない。「目の前の壁」を使って「人生の壁」を乗り越えよう。

第 **3** 章

システム的思考法

ここから「問題解決力」のもう一方の「道具」である「問題解決思考法」に入る。本章では、自然科学と社会科学に共通する概念である「システム」の特徴から導き出した「システム的思考法」を紹介する。

「問題解決」が対象とするすべてのもの（こと）は「システム」として存在していることに着目し、「システム」の持つ「共通の特徴」から「問題」に迫ろうとする「思考法」が「システム的思考法」である。

「システム発想・目的思考・本質思考・全体思考・理想思考」を、問題解決の「共通の道具」として応用できれば、問題解決力の基礎はできたと言えるだろう。

1. システム発想

「システム発想」とは？　〜すべてが「システム」である〜

「システム発想」とは何か？　問題解決の対象とするすべてのもの（こと）は「システムとして存在している」と発想すること、これが「システム発想」である。問題解決にあたって、宇宙や社会・仕事・家庭、そして身体や子供のおもちゃに至るまで「すべてのものがシステムとして成り立っている」「問題解決の対象はすべてシステムである」と発想することから始めてみよう。

フットサルのサークルなら「フットサル・サークル・システム」、難民救済ボランティアなら「難民救済ボランティア・システム」、ペットの犬なら「ペット犬システム」、机なら「机システム」と、何でも「システム」としてとらえ「システム」として発想する。コンピュータ・システムや情報システムだけが「システム」ではない。問題解決に関係するすべてがそれぞれみんな「システム」なのだ。

では、いったい「システム」とは何だろう？　『広辞苑』には、システムとは「ある目的のための秩序だった方法、体系、組織」とある。言い

「システム発想」とは？

- 問題解決の対象はすべてが「システム」である
- 「システム」が持つ特徴から導き出した「思考法」を当てはめることにより
- システマティック（組織的・系統的・体系的）に問題解決に迫る

> 「システム」とは
> 「ある目的のための秩序だった方法・体系・組織」

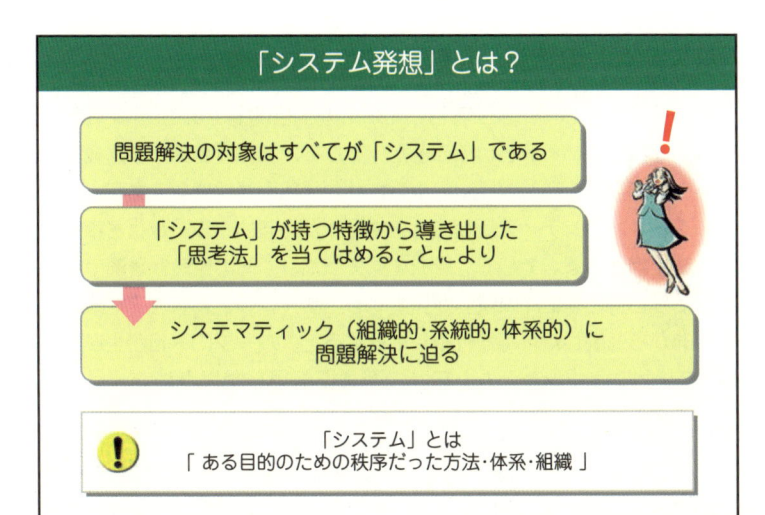

かえれば「ある目的を達成するための、ルール化された仕組みや組織」のことと理解してよいだろう。フットサル・サークルも難民救済ボランティアも、そして、ペット犬も机もそれぞれ「ある目的を達成するための、ルール化された仕組みや組織」であることに異論はないだろう。

では、なぜ問題解決に「システム発想」なのか？　それは、問題解決の対象とするすべてのもの（こと）は「システム」であるということと、問題解決をシステマティック（組織的・系統的・体系的）に行うためである。問題解決にかかわるすべてを「システム」としてとらえることにより「発見」から「実行」に至るまで、個々の工程を論理的かつ迅速に進めていくのである。

具体的には「システム」の特徴から導き出された「思考法」を、問題・原因・課題・解決策・行動計画など、個々の検討テーマに当てはめながら解決への糸口を探るのである。「システム」の特徴を理解することで、「問題」とその「解決」により近づくことができる。では、その「システム」とはどんな特徴を持っているのだろうか？

「システム」の特徴　〜問題解決思考法の原点〜

　第一の特徴として、まず着目したいのが「目的」である。「システムは目的を持っている」ということだ。そして、その「目的」を達成するための最適な「手段」が「ルール化された仕組みや組織」である。サークル活動やボランティア活動には必ず目的があるし、ルール化された仕組みや組織がある。そして、目的を見失ったり、その手段が最適でなくなったりしたときに「問題」が発生する。サークル活動などで本来の活動目的から逸脱した行為が行われたりするとグループに不和が生じる。「目的」という「システム」の持つ特徴に着目した思考法が「目的思考」である。

　第二の特徴は、「システムは本質的な機能や形を持っている」ということである。例えば、犬には犬の、机には机の、本来あるべき性質から来る機能や形を持っている。そして、その本質的な機能が機能しなくなったとき、形が壊れたときに「問題」が発生する。はさみは二枚の刃（本質的な形）で物を切る（本質的な機能）が、その一方が折れて刃が一枚だけになったら物を切ることができなくなってしまう。対象が持っている「本質」に着目して問題解決に当たろうという考え方が「本質思考」である。

　第三の特徴は、「システムは全体と部分の連携・連鎖で成り立っている」ということである。いくつもの「部分」が連携して「全体」を作り、さらにそれが「部分」となってまた別の「全体」を構成するという意味である。たくさんの細胞が集まって指を作り、5本の指が手を作り、2本の手が一人の身体を作る。そして、身体が人を作り、人が家族を構成し、家族が社会を形成する…といった具合である。この「部分」と「全体」の連携・連鎖がうまくいかなくなったとき、あるいは、そのことを見失ったときに「問題」が発生する。人間の肺活動が停止すれば心臓の活動も停止し、やがて身体全体の活動が停止する。「全体」と「部分」は常に連携・連鎖して機能しているという「システム」の特徴

「システム」の特徴

システムは

① 「目的」を持っている → 目的思考

② 「本質的な機能や形」を持っている → 本質思考

③ 「全体と部分の連携・連鎖」で成り立っている → 全体思考

④ 「理想」に向かって進化・拡大・発展する → 理想思考

に着目した思考法が「全体思考」である。

第四の特徴は、「システムは社会や自然などの環境に即して、みずからの理想に向かって進化・拡大・発展する」ということである。遺伝子によるものか、思考活動の結果によるものかは別として、手段や環境を選択しながら、理想（あるべき姿）に近づこうとするのである。そして、その理想像を見失ったとき、現実との距離を見誤ったときに「問題」が発生する。企業や国の各種機関など、あらゆる組織と名の付くものは、それぞれの設立目的に沿って拡大しようとするが、あるべき姿とかけ離れた状況に陥ったときに破綻する。日本経済における「バブルの崩壊」などは象徴的だ。「システム」がみずからの「理想」に向かって進化・拡大・発展しようとする特徴に着目した思考法が「理想思考」である。

このように「システム」は、いくつもの共通する特徴を持っている。つまり、問題解決の対象とするすべてのもの（こと）はこれらの特徴を持っているということである。問題解決のあらゆるフェーズ、あらゆる工程において「目的・本質・全体・理想」という「システム」の特徴を思考の原点に置くことができれば「問題解決」への道は明るいだろう。

2. 目的思考

「目的思考」とは？　～「目的は何か？」を意識せよ～

　「目的」という「システム」の持つ特徴に着目した思考法が「目的思考」である。「目的思考」とは、問題解決のあらゆるフェーズにおいて「目的は何か？」を確認することである。問題解決の対象とするすべてのもの（こと）は「システム」として存在し、それらすべてが存在の「目的」を持っているからである。

　身の回りに目を向けてみよう。ボールペン、携帯電話のアンテナ、メガネのフレーム、植物の葉、自動車のハンドル、ヒトの肺…などは、文字などを書く、電波を送受信する、レンズを身体（耳）に固定する、光合成を行う、クルマの進行方向を制御する、呼吸をする、などの「目的」を持っている。国会・大学・会社・家庭・コンビニ・病院…などもちゃんと「目的」を持っている。すべての「システム」は、その存在の「目的」を持っているのである。

　「人」の行動も同じである。誰もが、意識するとしないとにかかわらず何らかの「目的」をもって行動している。学校に行くのも会社に行くのも、髪をとかすのも、みんな何らかの「目的」があっての行動だ。音楽を聴くのもスポーツをするのも、恋人にメールを送るのもみんな「目的」がそうさせている。つまり「目的」は、人間を含め、世の中のすべてのもの（こと）の存在と行動の「理由」になっていることが理解できる。

　では、なぜ問題解決に「目的思考」なのか？　それは「目的のないところに問題は発生しない」からだ。逆の言い方をすれば「目的のあるところに問題は発生する」のである。「問題発生は目的の陰にある」と言ってよい。殺人事件などで刑事が必死に犯人の「動機」を探るのは、動機から事件の背景を描き出そうとしているからである。問題解決の糸

口をつかもうとしているのである。そして「目的の影」にあるのが「手段」である。つまり、殺人という行為は「動機」を実現するための「手段」なのである。

　「目的思考」は「目的」と同様に、その「手段」にも着目する。問題解決の対象とするすべてのもの（こと）は「システム」として存在し、それらすべてが存在の「目的」と同時に「手段」を持っている。ボールペンはインクの量を調整するためのボールを持っているし、携帯電話のアンテナは電波に反応する端子を持っている。メガネのフレームは耳に掛けるフックを持っているし、植物の葉は水や養分を運ぶ葉脈を持っている。例をあげればきりがないが、すべてが存在の「目的」と「手段」を持っている。そして、目に見える「システム」の実体は、実はすべてその「目的」に対する「手段」であることがわかる。

　問題解決において「目的」と「手段」の関係を見るとき、「目的と手段の連鎖」を理解しておく必要がある。つまり、ある一つの目的は別の目的（上位）の手段であり、その（上位）目的もまた別の目的の手段である、ということである。ボールペンの目的である「文字などを書く」ことは他者とのコミュニケーションを目的としているし、アンテナの目的である「電波を送受信する」ことは会話やメール交換をすることを目的としている。メガネ・フレームの目的である「レンズを身体（耳）に固定する」ことは焦点がぶれないことを目的としているし、葉の目的である「光合成」は植物の成長を目的としている。これらの例もあげればきりがないが、ここであげたそれぞれの「目的」にはさらに上位の「目的」が存在していることは理解できるだろう。

　ある「目的」の「手段」は、次の「目的（目標）」となって新たな「手段」を生み、さらにその「手段」は次の「目的（目標）」となってまた新たな「手段」を生む。そして「手段」を逆方向に展開して（さかのぼって）いくとより大きな「目的（目標）」が見えてくる。会社の中のどんな小さな仕事でも、その「目的」をどんどんさかのぼっていけば、

業務方針、経営戦略、そして最後には、経営理念や創業理念に突き当たるのである。このように、目的と手段は因果関係となって幾重にも展開していく。人の行動や組織の活動を見るとき「目的と手段の連鎖」を当てはめるといろいろなことが見えてくるのである。ちなみに、図の例は「問題解決」活動そのものが「目的と手段の連鎖」であり「行動と結果の連鎖」であることを表している。

諸君は、「大学入学」という「目的」を持って「受験」という「手段」を選択した。そして大学入学には卒業後の進路に通じた何かを学び、発見し、発明する、といった「目的」があるはずだ。大学入学は「将来の進路」のための一つの「手段」にすぎない、ということができる。そして、その将来の進路という「目的」は、さらに、その後の「人生（生活）」への「手段」となるのである。

少し脱線。私がサスペンス・ドラマ好きであることは先にも触れたが、特にアガサ・クリスティの『名探偵ポワロ』が大好きだ。殺人事件における主人公『エルキュール・ポワロ』の活躍場面は、なんと言っても犯人の動機探しと殺人トリック探しだ。犯人の「目的（動機）」と「手段（凶器とトリック）」をしっかりと押さえてから、それを結ぶ線を論理的に「推理」していくという方法がすばらしい。『ポワロ』もちゃんと「問題解決」のつぼを心得ているのである。

「目的思考」の活用（1） ～*目的が手段を評価する*～

問題解決における「目的思考」の活用を見てみよう。「目的思考」は「①問題の特定・②原因の発見・⑦評価」などで行われる「分析・評価」で力を発揮する。つまり、物事が正しく、あるいは適切に行われているかどうかを見るときだ。分析・評価を行う場合、まず対象となる物事の「目的を確認せよ」というのが最初の活用である。その「目的」自体は正しいという前提で、「手段」としての仕事の仕組みや関係者の行動や対応が適切に行われているかどうかを評価、判断する。どんなりっ

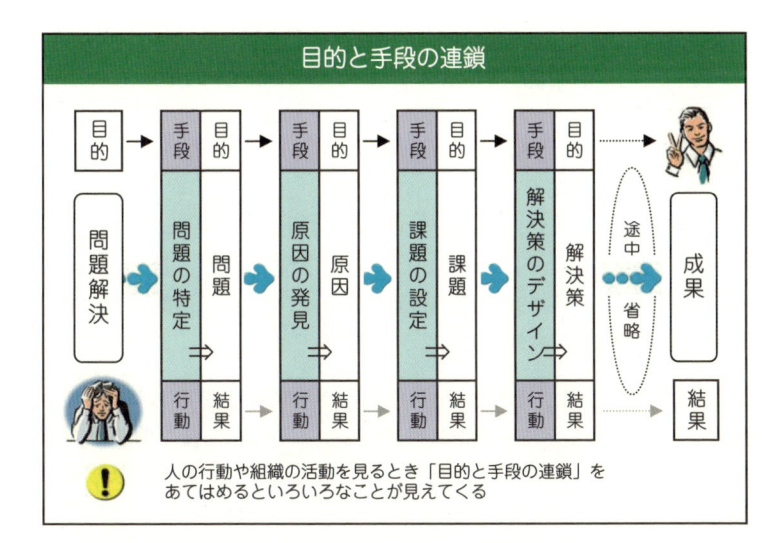

目的と手段の連鎖

```
目的 → 手段/目的 → 手段/目的 → 手段/目的 → 手段/目的 ⋯→ 
問題解決 ⇒ 問題の特定/問題 ⇒ 原因の発見/原因 ⇒ 課題の設定/課題 ⇒ 解決策のデザイン/解決策 …途中省略… 成果
         行動/結果 → 行動/結果 → 行動/結果 → 行動/結果 → 結果
```

⚠ 人の行動や組織の活動を見るとき「目的と手段の連鎖」をあてはめるといろいろなことが見えてくる

ぱな情報機器や情報システムが導入されていたとしても、それが「目的」に合致していなければただの「金食い虫」である。

　私は長い間、いろいろな会社で業務分析を行ってきた。業務の改革・改善が目的である。業務の責任者や担当者に対する面接調査において「それはなぜですか？」「どういう目的で行っているのですか？」という質問を徹底的に行うことにしている。「幼児のように」である。業務の「目的」を確認することによって、以下のことが可能となる。

　1）「手段」としての仕組みや仕事のやり方が適切かどうか判断できる
　2）正しい（本来の）「目的」が発見（確認）できる

これによって、

　3）「手段」が適切でなければ改善できる
　4）不要な「手段」を廃止できる

などの効果が期待できるのである。

企業だけでなく、あらゆる組織には「目的」を誤って理解したり、長い年月のうちに「目的」を見失ったり、いつの間にか「目的」がねじ曲げられたりする場合が往々にしてある。「それはなぜですか？」という質問に対して、「そうするように引き継いだから」「なんとなく」「マニュアルにそう書いてあるから」という回答が多い。いかに「目的」を意識して仕事をしている人が少ないかがわかる。そのような職場や仕事にかぎって多くの人手や費用が掛かっていたり、その仕事自体が不要であったりすることが多い。「目的」を意識して仕事をしていない人や職場からは、仕事の改善や改革の発想は生まれてこないのである。

「目的思考」を考えるときに、いつも引き合いに出す笑い話がある。しかもこのような話は一度や二度ではない。私は、数多くの情報プロジェクトに参画してきたが、その「目的」はほとんどが経費削減を通しての経営の効率化だ。各部門から専任のメンバーが選出され、億（円）単位のプロジェクト予算が組まれる。全社あげての一大プロジェクトだ。ところが「経費削減」を狙ったこれらのプロジェクトで目にする愉快な光景が「経費の無駄遣い」である。各部門の精鋭たちを集めて夜遅くまで行われるミーティングと膨大な全員配布資料。その結果として吐き出される廃棄用紙の山。そして、会議終了後の馴れ合い残業につきあい残業。さらには、仕事中の無駄口に私用電話や私用メール。「経費削減」を目的とした膨大な「無駄遣い」である。

「目的思考」の活用（２）　～*人は目的によって手段を選ぶ*～

問題解決における「目的思考」のもう一つの活用を考えてみよう。「目的思考」は「③課題の設定・④解決策のデザイン・⑤行動計画のデザイン」など、これからのアクションを決定するときにも活用すべきだ。つまり、これからの行動を決めるときには「目的を第一に考えよ」「目的を明確にせよ」ということである。「なんとあたりまえなことを」と思うだろう。ところがビジネスの世界では、意外とこれが守られてい

第3章 システム的思考法 73

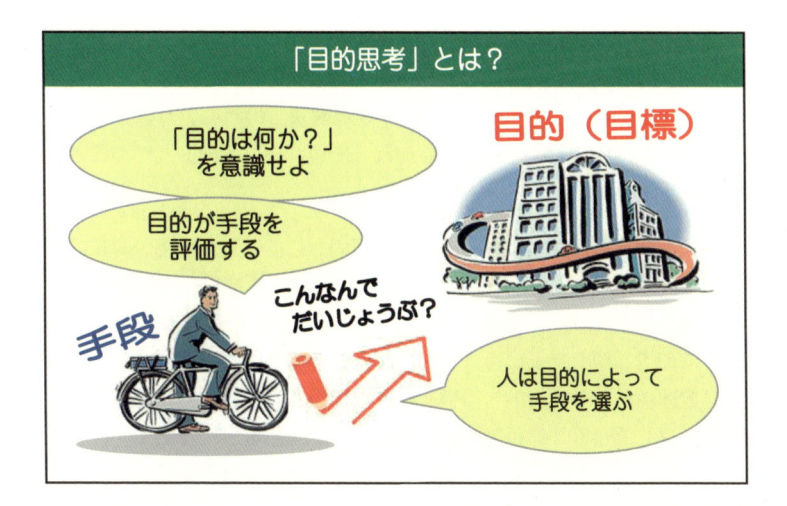

「目的思考」とは？

- 「目的は何か？」を意識せよ
- 目的が手段を評価する
- 人は目的によって手段を選ぶ

手段／目的（目標）／こんなんでだいじょうぶ？

ない。だから「問題」が次から次へと発生しているのだ。

「目的と手段は因果関係となって幾重にも展開していくもの」だが、大本となる「目的」が明確かつ正確に定義・設定されていないと、すべての「手段」が正しく設定されないことになる。国家には「憲法」、大学には「建学の精神」、企業には「起業理念」、マンションの管理組合には「管理規定」といったものが必ず存在する。そこにはその組織の「存在目的」が明記されている。きちんとした組織にはきちんとした「(存在の) 目的が明確に定義・設定」されているものだ。もしこれが明確に定義・設定されていないとどうなるかは想像がつくだろう。国民は、大学生は、会社員は、マンションの居住者は、それぞれ自分勝手な行動を起こすことになるだろう。人は「目的」によって「手段」を選ぶのである。

「③課題の設定・④解決策のデザイン・⑤行動計画のデザイン」においては、それぞれの「目的」を明確に定義・設定し、関係するメンバー全員が正しく理解・認識する必要がある。何のための「問題解決」なのか、何のための「解決策」なのか、何のための「行動計画」なのか？個々の行動の目的を、正しくかつ共通に認識できないとどうなるか？

それぞれの「活動目標」の設定に差が生じ、個々の「手段」に差が生じることになる。気が付いたときにはみんな別々の方向に向かって進んでいる、ということになりかねない。「問題解決」のための行動が、いつしか新たな「問題」を生み出し、結局「問題解決は失敗」ということになるのである。

問題解決手順の最終工程である「⑦評価」において、評価の対象の一つが「問題解決の成果」であることを確認した。「成果」の評価とは、問題解決そのものの「目的・目標」が達成できたかどうかの判定である。ここで「優」あるいは「良」の評価を得るためには、プロジェクトの発足理由となる「目的・目標」が「①問題の特定」から「④解決策のデザイン」そして「⑤行動計画のデザイン」へと正しく「伝達」されていることが絶対条件である。プロジェクト活動に「コミュニケーション機能」が重要であるとされるゆえんである。

問題解決の基本手順で「解決策先にあらず」を強調したが、「解決策」はあくまでその上位目的である「課題」に対する「手段」であり、さらに「課題」もその上位目的である「特定された問題」に対する「手段」だ。「問題解決」においては「目的先にありき」なのである。

ちなみに「情報プロジェクトの成功率は3割」という調査結果がある。それだけ情報プロジェクトは難しいと言われているが、その失敗の原因の一つに、情報プロジェクトにおける「目的思考」の欠如と不徹底があると私は考えている。IT業界や企業の情報システム部門には、どうしてもぬぐい去ることのできない「手段先行（＝IT活用）」という体質がある。十分に「目的」を確認しないままに機能（手段）を積み上げ、仕事のしくみを複雑にしてしまうのである。

ところで、大学にはたくさんのサークルがあるが、諸君の所属するサークルにはきちんとした「活動の目的」を明記した「会則」のようなものはあるだろうか？　もし、ないとすれば、みんなの「活動の目的」はいったい何なのか？　具体的な活動方法でもめることはないのだろう

か？ サークル発足時のみんなの「熱い思い」を伝統として後輩に引き継ぐことができるのだろうか？

3. 本質思考

「本質思考」とは？ 〜現象に隠れる本質を探し出す〜

「本質思考」とは、物事の「本質」に着目して問題解決に当たろうとする考え方であり、姿勢・態度のことである。「はさみ」は二枚の刃（形）で物を切る（機能）という「本質」的な形や機能を持っている。二枚の刃が動物の形をしていても、あるいは花の形をしていても、ちゃんとその刃で物が切れればそれは「はさみ」である。ところが、誰が見ても「はさみ」の形をしているものでも物が切れなければ「はさみ」ではないし、たとえ物が切れても刃が一枚しかなければこれも「はさみ」ではない。このように、物事の「本質」に着目する、つまり、目の前にある物事の「見かけ（現象面）」だけにとらわれるのではなく「その背後に潜む基本的な事柄に目を向ける」こと、これが「本質思考」である。

「本質思考」を理解するには、「病気」と「症状」の関係を例にとるとわかりやすい。頭が痛いからと言ってはすぐに鎮痛剤を飲み、熱があるからと言っては解熱剤を服用する。これで症状は和らぐかもしれないが病気は治せないだろう。頭痛や発熱といった症状は、元となる病気（本質）から発生する「現象」にすぎない。具合が悪い（現象）からと言って手当たりしだいに薬を服用するのではなく、病気の根本原因（本質）を突き止め、それを排除するために適切な措置を講ずるという姿勢・態度、これが「本質思考」である。

「本質」とは、「あるものをそのものとして成り立たせている独自の性質（『広辞苑』）」である。ちなみに「現象」は「観察されうるあらゆる事実…略…本質の外面的な現れ」と説明されている。つまり「目の前の

現象は、本質の外面的な現れ、反映であり本質そのものではない」ということである。このことは重要だ。本質を志向する「姿勢・態度」と書いたが、目の前の現象（問題）にジタバタするのではなく「何が起こっているのか？」「現象の陰に何が隠れているのか？」「事の本質は何なのか？」を冷静に見極める姿勢・態度が「本質思考」の大事なところである。

なぜ「本質思考」か？　病気の例でもわかるように「現象」面だけを追いかけても根本的な問題解決には至らないからだ。問題解決どころか「副作用」という二次的被害（問題）を被る危険すらある。問題解決の「発見フェーズ（①問題の特定・②原因の発見・③課題の設定）」において「現象」の陰に隠れる「本質」を探ることなく事を運んでしまうとどうなるか？　単に時間やお金の浪費になるだけでなく、誤った問題解決をしてしまうのである。企業の業務改革で、経営者の期待と実際の結果に大きな差が生じる原因はこのケースが多い。「①問題の特定・②原因の発見・③課題の設定」において、いかに「本質思考」を発揮することができるかが鍵である。

「本質思考」は、問題解決の「デザインフェーズ」でも活用すべきである。「解決策」や「行動計画」のデザインでは、最初に「基本的なところ、なくてはならないところ」からしっかりとデザインする、ということである。例えば、人物をデッサンする場合に、まず頭・胴体・手足をバランスよくラフスケッチするところから始めることと同じである。いきなり唇や足のつめから描くことはしないだろう。しっかりとバランスの取れたデッサンができて、初めて個性あふれる衣装を着せてあげることができるのである。

仕事の本質　〜「業務の効率化」が無駄？〜

物事の「本質」に目を向けずに、現象的な部分に目を奪われた無駄な努力、無駄な投資をしている会社を目にすることがある。少し長くなる

本質思考

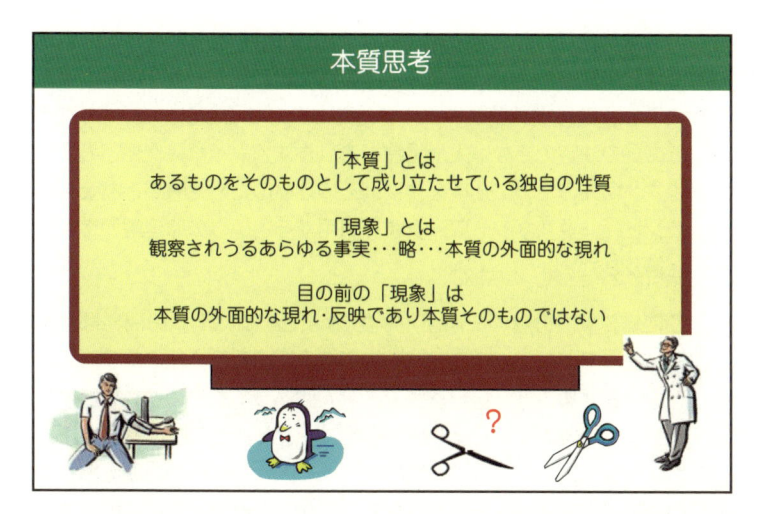

「本質」とは
あるものをそのものとして成り立たせている独自の性質

「現象」とは
観察されうるあらゆる事実…略…本質の外面的な現れ

目の前の「現象」は
本質の外面的な現れ・反映であり本質そのものではない

が、私が体験した事例をもとに「本質思考」の理解を深めていただきたい。

ある中堅企業での話である。月に一度の定例会議で、情報システム部門から「会議日程調整システム」の開発が提案された。会議の日程調整で、足を運んだり何度も電話を掛け直したりと、会議の主催部門にとってはとても大変な仕事であるという。それを社内のパソコンとネットワークを利用して、少しでも担当者の負担を減らそうというのがねらいらしい。おそらく誰も反対するはずのない前向きな提案だった。

しかし私は、「念のために、このシステムの開発目的を教えて下さい」と「目的思考」むき出しでお願いした。「当然、業務の効率化ですよ。日程調整する人の苦労も考えてみて下さいよ。電話を掛けられる参加者にとっても楽になるはずです。きちんと費用対効果の試算もしてあるし、根回しも済んでいるんです」という答えが返ってきた。一見、非の打ちどころのない回答に会議の出席者は全員満足そうだった。

そこで私は「本当に業務の効率化をねらうのであれば、日程調整その

ものの必要性を否定したらどうでしょうか？」「会議のほとんどは定例会議です。会議の終了時に必ず次回の設定をその場で行う。これが徹底できれば会議の日程調整という仕事そのものがなくなります」「もちろん、その場で決定できない人や場合もありますが、それは例外と考えるべきです。例外のために仕事を作り、その仕事のために時間とお金を掛け、コンピュータやネットワークまで利用するというのは理解できません」と言及した。

そこに総務部長の鶴の一声が入った。「よし、システムの開発はやめだ。早川さんのおっしゃるとおり、会議の日程調整は会議の終了時に行うことを徹底すること。日程調整システムがあっても決められないやつは決められないんだ」。私も「会議日程の決定というのは、報告会議にしても検討会議にしてもとても重要なことです。それらの会議を節目に毎日の仕事が進められ、その会議を起点に新たな動きが起こるのですから」さらに「会議日程の決定こそ後回しにしてはならない重要な意思決定の一つです」とフォローした。おかげで私は、その後しばらく、情報システム部門の方々から口をきいてもらえないというご褒美をいただいてしまった。

この例では諸君の中からも異論が出るかもしれない。

「目的が業務の効率化なら、会議日程調整システムは目的にかなっているんじゃないですか？」「目的思考を活用しているんでは？」と。確かに、総務部長の鶴の一声が入らずに「会議日程調整システム」が開発されたとしたら、情報システム部門の言うとおり、会議の日程調整はスムーズに行われ、業務の効率化に貢献したかもしれない。しかし、私の意見は違う。会議日程の調整そのものは、会社にとって「本質」的な仕事ではないのだ。会社にはもっともっと時間とお金と知恵を投入すべき仕事はあるはずだ。本来、会議の日程調整などは担当者を決めて、その担当者が走り回ってやるような事ではない。会議の議長が会議の中で行うべき仕事だ。

仕事の本質

「仕事(業務)の効率化」の前に
仕事そのものをなくすことを考える

その根底にある考え方は？

⬇

! 「最高のビジネス・システム」とは
より少ない投資で、より多くの利益を獲得する
よりシンプルな事業のしくみである

　少し脱線するが、たいていの会社では、会議の「議事録」は当番を決めたりして作成している。当番は会議終了後、席に戻って議事録を作成し、出席者全員に持ち回ったり、メールなどで回覧したりして完成させている。私に言わせれば「なんという時間の無駄使いか」。もっとひどい例は、会議の冒頭で、前回の議事録を(議事録の)レビューと称して内容の確認をしている会社である。もしそこに間違いがあったらとしたら、その間の活動はどうなってしまうのだろう？　議事録は、会議の席上でホワイトボードなどを使用して全員の目の前で完成させるべきだ。そうすれば持ち回りや回覧などの無駄な仕事はなくなるし、会議の成果がすぐに次の行動に生かせるのである。

　体験談となるとついつい力が入ってしまう。脱線ついでに、さらに重要な脱線を許していただきたい。私は、企業の事業や業務の「効率化」をテーマに活動している。その活動の規範は「機能(仕事)を無くすこと」である。そして、その根幹にある考え方が、企業における「最高のビジネス・システム」とは「より少ない投資で、より多くの利益を獲得する、よりシンプルな事業のしくみである」というものだ。『どらえも

ん』や「打出の小槌（うちでのこづち）（※）」のようなシステムだ。つまり、企業の利益につながる「本質」的な機能（仕事）以外は極力排除するという考え方である。

※ 打出の小槌：打てば何でも自分の好きなものが出るというふしぎな小槌（『広辞苑』）

「コンピュータがあるから使う」「人がいるから仕事（業務）を作る」という会社が、景気低迷と言われる今の時代でもまだまだ多い。特に私の関係する世界、つまり情報システムの世界ではそれが強い。情報システム部門は「（情報）システムを作る」のが仕事だ。だから「問題解決」の手段としてシステム（プログラム＝業務機能＝仕事）を作ることに情熱を燃やすのは当然だ。彼らにしてみれば機能（仕事）を排除するなどという発想はとてもできない。仕事が減ってしまうからだ。ユーザー部門と言われる業務の現場も同様で、自分たちの仕事を排除するなどはもってのほかだ。国の行政改革や企業の業務改革が進まない理由の一つはここにある。会議日程調整システムや議事録回覧システムなどは「本質」的な機能（仕事）ではないのである。「業務の効率化」を考える前に、業務そのものをなくすことを考えるべきである。

みごとに再生した動物園の話　～動物たちの本質に着目～

ちょうどこの原稿を書いているときに、ある「動物園の再生」の話がテレビで紹介されていた。それは、北海道旭川市にある「旭山動物園」の話である。

この動物園も他の動物園と同様に、年々入園者数が減少し、廃園の危機に追い込まれていた。なんとか動物園の経営を立て直そうと、ある飼育係の一人が立ち上がった。彼は仲間に声を掛け「どうしたらみんなが来たくなる動物園にすることができるか？」ということを真剣に考え始めたのである。そして、出た答えが「それまでの動物園のように動物たちの姿や形だけを見せるのではなく、躍動感のある生き生きとした動物

本来の暮らしを見てもらおう」というものだった。私も子供たちを連れて何度か動物園に行ったことがあるが、確かに動物の種類（姿や形）は多いものの、ほとんどの動物が静かにこっちを見ているか、寝ているかのどちらかだったように記憶している。

「動物たちには、それぞれ人間には遠く及ばないものすごい能力があるんです。われわれ飼育係がそのことを一番よく知っています。これこそ見てもらいたい動物本来の姿なんです」という「動物の本質（あるものをそのものとして成り立たせている独自の性質）」に目を向けた発想をもとに「ペンギン館」「オランウータン舎」「ほっきょくぐま館」などの新しい展示施設が次々と建設された。それぞれの展示施設では、動物たちが入園者の視線を気にすることなく、自然に快適な生活を送っている。そして入園者も、いろいろな角度から、彼らの躍動感にあふれた自然の姿を観賞することができるようになったのである。

その後、入園者はうなぎのぼりに増え続け、動物園の入園者数でいろいろな記録を更新しているだけでなく、今では北海道の主要な観光スポットとして位置づけられている。瀕死寸前だった動物園が、今では市の財政にも寄与しているとのことである。この話は、動物たちの「優れた本能（本質）」に目を向けた職員たちの「本質思考」が、動物園の「問題解決」に役立ったばかりではなく「動物園の本質（本来あるべき姿）」をわれわれに提示してくれた好例でもある。

4. 全体思考

「全体思考」とは？　～全体と部分の連携・連鎖～

「全体」は「部分」である。一つの「全体」は、他の「部分」として存在している。つまり、世の中のすべてのもの（こと）は、「全体」と「部分」の連携・連鎖で成り立っているということだ。たくさんの細胞

が集まって指を作り、5本の指が手を作り、2本の手が一人の身体を作る。そして、身体が人を作り、人が家族を構成し、家族が社会を形成する…という例をあげたが、いくつもの「部分」が連携して「全体」を作り、さらにそれが「部分」となってまた別の「全体」を構成している。「問題解決」ではこのことを認識できるかどうかが重要である。「全体思考」とは、すべてのもの（こと）は、他と連携・連鎖しながら「何か」に向かって常に動いている、という見方、考え方である。

　「目的」と「手段」の関係と同様に、すべてのもの（こと）は、一つの「完成品（全体）」としてポツンと存在しているのではなく、何かの「部分」として存在していることに気が付くと、「問題解決」に際してぐぐっと視野を広げることができる。ちょうど、カメラの広角レンズを手に入れたようなものだ。このレンズは、極めて視野が広く、普通人間の目ではとらえられない部分を全体として表現できる。物事を単独に、かつ固定的にとらえるのではなく、他との関連でとらえ、そして流動的にとらえることができる。すべてのもの（こと）は、他と連携・連鎖しながら「何か」に向かって常に動いている。「問題解決」にはこの視点は絶対に欠かせないのである。

　ではいったい、すべてのもの（こと）は「何」に向かって動いているのだろうか？　「全体」と「部分」の関係は、ちょうど「目的」と「手段」の関係と重なるということに気が付くと、すべてのもの（こと）は、「全体」に向かって、そして「目的」に向かって連携・連鎖しながら存在し、活動している、ということが理解できる。とすれば、日本や地球のその向こうにある宇宙の「全体」と「目的」はどこに向かっているのだろうか？　という究極的な疑問にも回答が必要だ。最終的に行き着くところは「神」である、という有名な科学者もいるが、残念ながら私にはわからない。「宇宙の果て」には何があるのか？　そして、なぜあるのか？　考えれば考えるほどわからなくなり、哲学的に、神秘的にならざるをえない。ここでは、その答えを追求するのが目的ではないので次に進もう。

コペルニクス（ポーランドの天文学者・聖職者）が、太陽が地球の周りを回っているというそれまでの宇宙観（天動説）をくつがえして近代世界観の確立に貢献したことは有名であるが、地球から地球や宇宙を見るという発想や見方だけでは「コペルニクス的転回（※）」はなかっただろう。問題解決テーマを焦点として、広角レンズ的な視野で見ることは期待以上の発見につながるのである。

※　コペルニクス的転回：カントがその「純粋理性批判」の認識論において、主観が客観に従うのではなく、逆に客観が主観に従い、主観が客観を可能にすると考えたことを、天動説から地動説へのコペルニクスの転回にたとえて自ら称した語／ものの考え方が、がらりと正反対に変ることをいう（『広辞苑』）」

われわれの周りには、まだまだ広角レンズを持たずに生きている人が多い。すべてが自分を中心に回っていると錯覚している人たちだ。うまくいっていることはすべて自分の力で、まずいこと、困ったことはすべて他人の責任と理解する。「絶対許すな他人の失敗。笑ってごまかせ自分の失敗」という標語を地で行っている人たちには、ぜひぜひ広角レンズを持っていただきたい。

「全体思考」の活用（1）　～思考のズームレンズ～

最近、ある勉強会でおもしろい映像を見せてもらった。アメリカのある街の路地に、色は忘れたが一台のクルマが止まっている。周りには家や公園や道路の一部が写っている。近くのビルの2〜3階あたりから撮られたような何の変哲もない静止画だ。すると、少しずつカメラが引き始めた。ズームアウトだ。クルマがどんどん小さくなり、街も遠くなっていく。航空写真を見ているようだ。さらに、クルマも街も見えなくなり、山野が広がったかと思うと、ついに合衆国を中心とする北アメリカ大陸が現れた。今度は衛星写真だ。カメラはどんどんズームを引いていく。ついに大陸は地球となり、さらに太陽系を通過して銀河系が小さくなったところで映像は止まった。そして今度は、同じ速さで逆方向に、ズームインが始まった。宇宙からの帰還だ。

ほんの数秒間の出来事だったが、この連続する映像は私たちの「問題解決」の視点を表現してくれていた。すべてのもの（こと）は、他と連携・連鎖しながら何かに向かって常に動いている、ことを実感した。さらにカメラのズームを引いていったらどうなるのだろう？　そして、ズームインで元の位置よりさらにどんどん進んでいったらどんな映像が続くのだろう？　われわれの知らないミクロの世界が展開されるのだろうか？　興味津々である。

「発見フェーズ」の、特に「①問題の特定」や「②原因の発見」では、対象となるテーマの「全体」と「部分」の連鎖を意識して進める必要がある。「目的思考」「本質思考」に沿って「思考のズームレンズ」を駆使し、「部分」を手がかりに、調査や分析の範囲を広げて「全体」像をとらえることが重要だ。問題、あるいは原因らしき一部分を見て早合点してはいけない。どのような場面においても、けっして「部分」だけにとらわれた判断をしない。「全体」を無視して「部分」の結論を急ぐことのない態度が「問題解決」には求められるのである。

「デザインフェーズ（④解決策のデザイン・⑤行動計画のデザイン）」では、「全体から部分」を掘り下げていくというアプローチを採ることが重要である。まず骨格となる「全体」像から描くことは「本質思考」の「基本的なところ、なくてはならないところ」からしっかりと描くことと同じである。

「全体思考」の活用（2）　〜困ったら「分解」してみよう〜

「全体思考」の活用に関連してヒントを一つ。物事を理解したときに「わかった」と言う。では、なかなか理解できないとき、つまり「わからない」ときにはどうすればよいか？　よい方法がある。「わかる」は漢字で「分かる」と書くし「解る」とも書く。そう、「わかる（分かる／解る）」ためには、わかるまで「分・解」すればよいのである。つまり、「わかる」とは「分解」することなのである。確かに、難しい長文

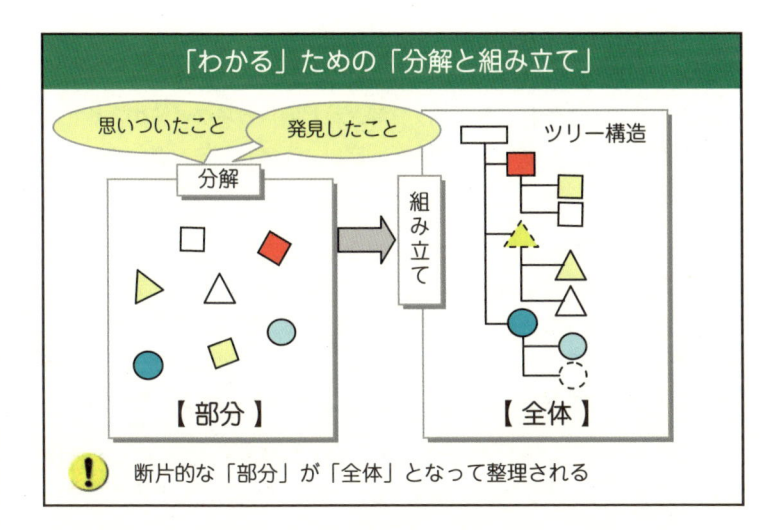

「わかる」ための「分解と組み立て」

思いついたこと　発見したこと

【部分】→ 組み立て →【全体】ツリー構造

⚠ 断片的な「部分」が「全体」となって整理される

も分解して「箇条書き」にすると内容が理解できるようになる。

　私は、このヒントをずっと「問題解決」に取り入れている。話の全体像がなかなかつかめないときや、話が複雑で整理が付けにくいときなどは、話を「分解」することにしている。テーマに関する意見や情報をできるだけ多く集め、記録するという方法だ。記録の方法は、小さな紙やホワイトボード、直接パソコンでもよい。一枚あるいは一行につき一件が原則だ。一枚に複数のことが記録されたら「分解」にはならないからだ。つまり、これが「分解」された状態である。

　「分解」の次は「組み立て」である。最初から「組み立て」の「切り口（テーマの因果関係・大小関係・時間の関係など）」がわかっていればそれに沿って整理をすればよく、わかっていない場合はその中から「切り口」を見つけ出すのである。この方法は、最初から「切り口」がわかっていないときに特に有効である。例えば、あまり自分にとっては得意でない分野や新しい職場や仕事における問題解決などである。

この方法は「アイデアの創出」にも活用できる。つまり「④解決策のデザイン」だ。基本的な方法は上記と同じ。ただし、この場合は「分解」のあとの「組み立て」に加えて、分解された断片からの「連想」や「ひねり」が重要だ。私は、この方法を「ブレーンストーミング」のツールとして活用している。

　この「分解と組み立て」をうまくやるための方法を一つ紹介しておこう。「ツリー構造（木構造）」はなじみがあるだろうか？　「階層構造」とも言うが、IT関連の仕事ではもちろん、ビジネスでは必須アイテムだ。インターネットのウェブサイト（ホームページ）で、必要なページを検索したいときに使用する「サイトマップ」の形式が「ツリー構造」だ。

　情報の断片を、いろいろな切り口で「ツリー構造」に組み立てていくことによって、バラバラな情報（部分）が「全体」として体系化される。そして、この「全体」をじっと見ていると「不足しているもの」「わからないこと」などが浮かび上がってくる。「全体」を満足させるために必要な「部分」がどんどんひらめいてくるのが不思議だ。文章ではわかりにくいのでイメージ図を載せておく。

5. 理想思考

問題解決の帰納法と演繹法　〜*理想か現実か？*〜

　企業経営者の中にはいろいろなタイプの人がいる。社員の問題解決提案に対して、「それは理想論だろ、もっと現実を見ろ現実を！」というタイプと「なに現実ばかり見ているんだ。理想を追求しろ理想を！」というタイプ。どっちが正しいのかと考えてしまうが、これは問題解決の「取り組み方」の違いである。論理学に帰納論理学と演繹（えんえき）論理学というのがあるが、正にこれである。問題解決の取り組み方にも「帰納法」と「演繹法」があるということを理解しておこう。

まず前者の「現実重視」タイプ。これは「帰納法」的取り組み方であると言ってよい。『広辞苑』には、「帰納」とは「推理および思考の手続の一。個々の具体的事実から一般的な命題ないし法則を導き出すこと」とある。つまり、問題解決にあたって、まず現実という個々の具体的事実を調査・分析し、問題発生原因を究明してよりよい解決策（命題や法則）を導き出そうという方法である。この方法は、あくまで現実・現状・事実を前提とした「改善型アプローチ」と言われている。

これに対して後者の「理想追及」タイプが「演繹法」的取り組み方である。同じく『広辞苑』によれば、「演繹」とは「意義を推し拡げて説明すること。推論の一種。前提を認めるならば、結論もまた必然的に認めざるをえないもの」とある。問題解決の取り組みに当てはめれば、現実・現状よりもむしろ問題の本質や目的（意義）に目を向け、より理想的な解決策を実現しようという方法である。前者の「改善型アプローチ」に対して「改革型アプローチ」と言われている。

では、どちらのアプローチが正しいか？　もちろんこれは正否の問題ではない。諸君や経営者が「どちらの取り組み方を採用するか」という選択の問題だ。そしてそれは、問題解決の「目的やねらい」によって判断が分かれるのである。

クルマの世界を例に取れば、車種のマイナーチェンジには改善型アプローチを、モデルチェンジや新車開発には改革型アプローチを採用するだろう。また、当面の環境汚染対策がねらいであれば、排気フィルターの取り付けといった改善型アプローチが採用され、地球規模の資源保護がねらいであれば、電気自動車や水素電池の開発といった改革型アプローチが採用されるかもしれない。

就職活動を目の前にした場合、はたして帰納法・演繹法のどちらを採用するだろうか？「自分は外国語が苦手でパソコンも使えないから、国内企業であまりITに縁のない営業職を探そう」とするか、「自分は外国語もパソコンも苦手だけど、子供のころから夢だった『F1（エフワ

ン)』に参戦している自動車メーカーにチャレンジしよう。外国語もパソコンも必要ならこれから一念発起すればいい」とするか？ すべては諸君の就職の「目的やねらい」にかかっている。

「理想思考」とは？ ～理想の状態を意識せよ～

では「理想思考」とは何か？「常に理想の状態を意識する」こと。これが「理想思考」である。現実にとらわれることなく理想追求型であるところから「演繹法」的思考のことを「理想志向」とか「理想主義」などと表現する場合もあるが、本書の「理想思考」はもっと単純だ。

「システム」の特徴として「システムは社会や自然などの環境に即してより良くなろうと進化・拡大・発展する」と書いたが、「システム」の一員である人間も、所属するあらゆる組織も例外ではない。人間と社会は地球上でさまざまな問題に遭遇し、これを克服してここまで進化してきた。そして、今もなお新しい問題に直面し、克服しようと努力している。人々はより豊かな生活を求めているし、組織は存在理由（目的）に沿ってより大きな成果を追求している。

第1章で「自分未来史」と「自分作り」を提案したが、大いに「理想思考」を発揮していただきたい。第4章の「プラス思考」にも通じるが、就職活動においても、就職後の社会的活動においても、物事を消極的にとらえるのではなく、常にポジティブに、理想の状態、あるべき姿を意識し、目標とし、そのために今をどう生きるかを思考してほしい。何が自分にとってよいのか、何が家族にとっての幸せなのか、どうすることが会社にとってプラスなのか、世界平和とはどういう状態を言うのか？ 常に自分と身の回りについての理想の状態を考える。これを習慣化することによって、常に現実とのギャップを意識することができるのである。すなわち「問題意識」を持ち続けることができるのである。

余談になるが、私の仕事は「相談」から始まることが多い。相談に来

理想思考

1) 常に「理想の状態」を意識すること
   ⇒物事をポジティブにとらえる
   ⇒問題意識を持ち続ける

2) 「理想の状態」を具体化すること
   ⇒理想を正しくとらえる
   ⇒理想の状態をわかりやすい方法で表現する
   （絵図・映像・数字・文章など）

た人の目を見ながら、私は最後まで話を聞くようにしている。聞きながら「この人は、どうありたいと願っているのだろうか？」と考える。つまり、それが相手の悩みの、問題意識の出発点であるからだ。そして、多くの人がその答えを用意していない、意識していない、あるいは気が付いていない。「自分がどうありたいのか」ということを冷静に認識できれば、「では、どうしたらよいか」という次の行動は比較的見つけやすいのである。このことに気付いた人は、すっきりして帰っていく。

「理想思考」の活用　～理想の状態を具体化せよ～

　では次に、「理想思考」をどのように「問題解決」に適用するかを考えてみよう。先に、「問題とは、理想と現実とのギャップである」ことを確認した。そして「理想」と「現実」の差を正しく把握することが「問題認識」である。ということは、問題認識のためには理想と現実を正しくとらえる必要がある。この「理想を正しくとらえる」ことが「理想思考」の「問題解決」への適用である。どういうことか？

帰納法的にしても演繹法的にしても問題解決のスタートはやはり「理想と現実の差」を正しく認識するところから始まる。では、理想と現実の差はどのようにしてとらえればよいのか？　「差」を具体的にとらえるためには、まず目標とする「理想」を具体化することが必要だ。いわゆる「理想像」を描くことである。理想の状態を誰が見てもわかるように描ければ、そして定義することができれば、それと現在の状態を比較し、その違い（ギャップ・差）が解決すべき「問題」とすることができる。

　「理想思考」は、「常に理想の状態を意識する」ことに加えて、目標とする「理想の状態を具体化せよ」ということを強調する。「女子マラソンでオリンピックに出場することが理想です」とは誰にでも言えるが、自分が具体的に「どのような状態」に仕上がっていれば、オリンピックに出場可能な記録が出せるか、を説明することは簡単ではない。だが、それが描けなければ「その状態」に近づくための方法（問題解決）を見つけることはできない。マラソン選手としての肉体面・精神面における具体的な完成状態が描けなければ、トレーニングにしても栄養補給にしても行動計画が立てられないのである。

　マラソン選手を例にしたが、「問題解決」においてはすべて同じである。目標とする理想の状態を具体化することによって、具体的に現状との比較ができる。何が不足しているのか、何を改善しなければならないのか、翻って、今自分は何をしていなければならないのか、が見えてくる。「しっかりやります！」だけでは、何をどのようにしっかりやるのか、誰にも伝わらないのである。

　では、どのように具体化すればよいのか？　まずは、理想の状態をイメージするところから始めよう。それを第三者に伝えるために、よりわかりやすい方法で表現する必要がある。

　　1）絵（図・映像）で表現する
　　2）数字（数値表現）に置き換える
　　3）文章にする

ビジネスの世界では常識であるが、理想の状態を「数字に置き換える」ことはとりわけ重要である。マラソンにしてもダイエットにしても、「理想は？」と問われたときに、順位やタイム、体重やスリーサイズなどで答えるのが客観的で誰が聞いても話はわかるし、どこをどうすれば理想に近づけるかという「④解決策のデザイン」も容易になる。年配者が「カラダにいいらしい」といううわさ話だけで、話題の食品やグッズを買い込んだりするが、ちょっと心配である。また、お相撲さんに「今場所の課題は？」とマイクを向けると「一番一番一生懸命がんばるだけっす」という答えしか返ってこないのもちょっと寂しい。なお、数字で表せない芸術的テーマなどについては絵で表現したり、文章で定義したりする必要もあるだろう。

　「理想思考」の成功事例を一つ。私は、高校時代の部活動でウェイトリフティング（重量挙げ）をやった。運動部に入部する者の目標は全国大会出場だ。高校に入ってから始めたスポーツでの全国大会は「理想であり夢だ」。私も例に漏れず、なんとしても国体やインターハイに出場してみたかった。動機は不純である。生徒会主催の壮行会の壇上に上がってみたかったのである。応援団が自分のためにエールを送ってくれるし、全校生徒が校歌や応援歌を歌ってくれる。そんな優越感に浸りたかった。

　ところが県内には私より強い選手が一人いた。どうしても県大会で優勝することができない。そこに「今年のインターハイから団体戦が」というニュースが飛び込んできた。しかし他校に比べて弱小のわがチームではそれも難しかった。そこでキャプテンだった私は一策を講じた。運動部に所属していない大型で腕っぷしの強そうな友人たちに頭を下げて回ったのである。重量級を中心に「インターハイに連れて行くからやってみないか？」という甘い誘いで5～6人集めた。にわか仕込みでテクニックを教え、県大会当日は「挙げる重量は軽くていい。とにかく失敗だけはしないでくれ」と注文した。かくして、わが校は各階級でポイントを稼ぎ、みごと団体優勝に輝いたのである。

ここまでが成功事例で、あとは悲劇である。「インターハイの団体戦出場は３名まで」という、とても重要な情報が耳に入ったのは大会の数日後だった。学校側は、まさか優勝するとは思っていなかったらしい。記録レベルでは「にわか選手」は全員落選である。彼らからすれば、これは「陰謀」である。私は覚悟を決め「腕っ節の強い」彼らに訳を説明し、平謝りに謝ったのである。

　成功事例と悲劇のあとに、まじめな余談をもう一つ。若いころ、よく先輩から「頭の悪いやつは（スポーツで）強くなれない」と言われた。今でも耳にする言葉である。「知恵を絞れ」ということである。私なりに解釈すれば、スポーツも「問題解決」行為であり、「問題解決力」すなわち「手順」と「思考法」で取り組まないと強くならない（解決しない）、ということだろう。つまり、「体格や根性」に差がなければ、問題解決力の差で勝負が決まるというわけだ。

復習３：「システム的思考法」チェックリスト

　身近な「問題」を想定し、チェックリスト（次ページ）の質問に答えながら「システム的思考法」を復習してみよう。

「システム的思考法」チェックリスト

目的思考
・そもそも、このシステム・組織・テーマの「目的」は何なのか？
・全員が「目的」を正しく、共通に理解しているか？
・話は「手段」に終始していないか？
・「上位目的」との相関はとれているか？
・目的に対して「最適な手段」が選択されているか？
・「目的」から外れた行動・論議をしていないか？
・「目的・目標」を評価の基準としているか？
・「目的を確認する」ことから始まっているか？

本質思考
・今話題にしているテーマの「本質」は何なのか？
・「現象」面にとらわれすぎていないか？
・「枝葉末節」にとらわれすぎていないか？
・テーマの「本質」から外れてはいないか？
・「本質論議」を優先しているか？
・「基本部分」から着手しているか？
・本質的なもの以外は「排除」する努力をしているか？

全体思考
・テーマの「全体像」をとらえているか？
・「全体から部分」をとらえているか？
・「大枠のデザイン」がしっかりできているか？
・「思考・視点のズームイン・ズームアウト」を駆使しているか？
・「分解・組み立て」を活用しているか？
・「ツリー構造」を活用しているか？

理想思考
・あるべき「理想像」を明確にとらえているか？
・理想の状態を「具体的にイメージ」しているか？
・理想の状態を第三者にわかるように「表現」できているか？
・理想像を「全員で共有」しているか？
・現実から理想への具体的な「道筋」をイメージできるか？

がんばれ大学生 ⑦

サルと人間の違い

サルと人間の違い サルと人間の違いは「道具」の発明と使用であると教わった。先日テレビで道具を使うゴリラの姿を見た。負けてはいられない。われわれの問題解決のヒントもそこにある。目の前の問題を克服して先に進むためには道具を使おう。そして道具を発明しよう。

道具を使う 私は積極的に道具を使っている。パソコン関連機器をはじめ、携帯電話、メモ帳、フリップチャート、デジカメ、ボイスレコーダー、ホワイトボードなどなど。パソコンの中には便利ソフトがいっぱい入っている。道具の効用は何と言っても便利で効率的であることだ。すばやくレポートを作りたい。コストをかけずに情報収集したい。正確な統計結果を得たい。問題解決を「早く・安く・うまく」行うには道具の使用は欠かせない。

道具を発明する 既成のツールを購入してそのまま使うのもいいが、ゴリラとの違いを実証しようではないか。以前「パソコン買って何するの？」という言葉をどこかで見たことがあるが、道具があってもその道具の得意とする持ち味を活かせなくては意味がない。発明とまではいかないにしても、使い方のくふうは必要だ。紙切れ一枚にしてもさまざまな使い方ができる。問題解決ツールや方法論という道具もあるが、くれぐれも「道具に使われる」ことなく、自分流のアレンジを加えるなどして「道具を使う」べきだろう。

がんばれ大学生 ⑧

「役割分担」から「役割認識」へ

「役割分担」の落とし穴 人間が組織で活動する際の「役割分担」の重要性については、大学生諸君には説明は要らないだろう。しかし、役割分担の重要性が強調されればされるほどそこにある「落とし穴」を見過ごしてしまうのだ。毎日のように新聞の社会面に登場する大手企業や医療機関などによる「お詫び・リコール・自主回収」のお知らせ記事。仕事のミスに端を発する事件や事故が後を絶たない。業務管理体制が確立し職務分掌やマニュアルも完璧と思われる組織で、現実に想像を超えるトラブルが発生しているのだ。

「落とし穴」とは？ 「落とし穴」とは、職務分掌やマニュアルではすべての役割や業務を説明しきれない、ということと、役割と役割、業務と業務の間には必ずグレー（境界が不明りょう）な部分が存在するということだ。また、社会環境の変化や法制度の改変などで仕事の環境が変化し、役割や業務の範囲と質が変化していることにも注意が必要だ。

「役割認識」とは？ そこで重要なのが「役割認識」である。役割認識とは、職務分掌やマニュアルの範囲にのみ目を向けるのではなく、その前提となっている会社や組織の存在理由に意識を置いて役割や業務を見ることである。もちろん職務分掌やマニュアルに従うのは当然であるが、役割間のグレー部分では率先して行動を起こしたり、役割分担のあり方や業務のやり方などにも常に改善の目を向けるという姿勢が求められるのである。「職務分掌にないことはできません」「マニュアルにないことはわかりません」というロボット社員が多くなっているのが気がかりである。

「役割分担」だけではキケン！

至急「役割認識」を動員せよ！

がんばれ大学生 ⑨

「問題提起型」から「解決提案型」へ

二つのタイプ 同じ会議や打合わせなどに何度か出席すると出席者のタイプが分かるようになってくる。その中で積極的な「発言者」に対して、私は二つのタイプの識別を試みるようにしている。「問題提起型」と「解決提案型」である。

「問題提起型」 「問題提起型」とは、鋭く問題を提起はするものの、なぜ問題なのか？原因は何なのか？どうすれば解決できるのか？などについては言及しない、というタイプである。未整理な発言で会議や職場の雰囲気をこわしたり、問題の当事者を血祭りにあげたり、次の問題探し（粗探し）に情熱を燃やしたり、という傾向があるようだ。

「解決提案型」 もう一方の「解決提案型」とは、問題を認識したときから原因や解決策を考え、現実的な見通しを立ててから発言（問題提起）するというタイプである。発言のタイミングは遅いものの、他者の話をじっくり聞いて情報の収集と整理を行い、問題提起から解決提案までの道筋と落とし所を準備してから手をあげる、という傾向がある。また「問題提起型」がぶち上げた「問題らしき話題（往々にして問題ではない場合が多いのだが）」に対しての分析・整理を最終的にやってのけるのも「解決提案型」であるケースが多い。

お勧めのタイプは？ この二つのタイプの違いは、会議や打合わせだけでなく、仕事の進め方にもはっきりと表れるようだ。もちろん諸君には、未整理な発言や「大きな声」で会議や職場を混乱に陥れる「問題提起型」ではなく、冷静沈着な思考と行動を持ち前とする「解決提案型」であることをお勧めする。「問題解決思考」は諸君のためにある。

第4章

問題解決力を
強化する思考法

本章では、問題解決力を強化するための「思考法」を紹介しよう。

「水平思考」や「プラス思考」はよく耳にする言葉だが、身に付けている人は少ない。「人間思考・選択思考・図解思考」は、社会や組織の中で快適に生きていくために、単なる知識として読み覚えるのではなく、意識的に活用することによって、気が付いたときには自然とこのような思考や行動をしていた、というところまで身に付けていただきたいと願っている。これらは、問題解決に適用できるだけでなく、問題の発生を未然に防ぐことにも役立つだろう。

1. 水平思考

「水平思考」とは？　〜君はコロンブスになれるか？〜

「水平思考」について考えるとき、いつも私は「コロンブスの卵」を思い出す。コロンブスは、「大陸発見なんて誰にでもできることだ」と人々になじられたとき、「ならばこの卵を垂直に立ててみよ」と言い返した。人々はいろいろと試みたが誰にもできなかった。そこでコロンブスは、卵の尻をつぶして立ててみせた。卵はつぶれて中身が出たが確かに垂直に立ったのである。

この話は、そもそも「誰にでもできることを、最初にすることの難しさ」を言ったものであるが、コロンブスのやり方と考え方、これが「水平思考」である。「水平思考」とは、「イギリスのデボノが唱えた思考法。ある問題の解決にあたって、問題設定の枠に従って考えること（垂直思考）を離れて、自由に、異なったいろいろな角度から考えをめぐらし、手がかりを得ようとすること（『広辞苑』）」である。

コロンブスは、人々が「卵はつぶしてはいけないものだ」という暗黙の枠の中で思考していることを知っていたのだろう。そして、そのような「常識の範囲内でしか物事を考えられない人々には、大陸発見などは

無理ムリ！」ということもわかっていたに違いない。

　問題解決にあたって、「常識」や「前提」の枠を外し、異なった角度から物事を観察したり考えたりすることによって、よりよい解決への道を探る可能性が開けるのである。コロンブスのように「殻を破る」思考法に挑戦してみよう。

　ここで、身近な「水平思考」を一つ。私事で恐縮だが、息子は魚を食べるのが苦手だ。特に秋刀魚（さんま）には手を焼いている。反して、娘は得意だ。きれいなフィッシュボーンと小骨群を残してあとは何も残さない。ある日「お兄ちゃん、身を取ろうとするからダメなんだよ。骨を取ればいいんだよ」とアドバイスした。身を取ろうとするから骨が邪魔になってぐちゃぐちゃになってしまうが、気になる小骨を先に取ってしまえば身も皮もきれいに食べられるというわけだ。本人に自覚はないが、これも小さな「水平思考」である。

どうやって「水平思考」を？　～*上位目的に着目しよう*～

　「自由に、異なったいろいろな角度から」とは言ってもそう簡単ではない。では、どうやったら「水平思考」ができるのだろうか？　物事にはいろいろな「前提や条件」があるし、関係する人や社会には「常識」というものがある。その「前提・条件・常識」を外してみたり動かしてみたりすると別の解が見えてくる。コロンブスは人々が持っている「卵はつぶしてはいけない」という「常識」を逆手にとって難問を提示したのである。

　私は、「上位目的に着目する」ことによって「前提・条件・常識」の枠を外す、という方法を提案しよう。ある「目的」はその「上位目的」に対する一つの「手段」にすぎない、ということを「目的思考」で確認した。テーマとなる目的のさらに上位の目的、大きな目的にまで話をさかのぼってみることによって話の「前提・条件・常識」の枠を外すのである。簡単な例を見てみよう。

ある会社の人材育成部門長の悩みは「ここ数年、なぜか研修成果が目標とする水準に達していない。カリキュラム、教材、講師のどれをとっても申し分のない内容なのに … 」というものだ。その悩みに対して、例えば「一日の講義の時間と時間帯の設定を変えてみてはどうでしょうか？」と提案するのは一般的な発想（垂直思考）だ。これに対し「人材育成はやめて外部から調達したらいかがでしょうか？」と提案したらどうだろう。そもそも人材育成の目的（上位目的）は「優秀な人材の確保」にあるわけだから、「人材育成の方法」から「人材確保の方法」に視点を移し、社内での育成や育成部門の存在という「前提」を外してみるのである。もちろん外部調達にもいろいろな課題は想定されるが検討の幅は広がっていることは確かだ。

「なんだそんなこと、話の前提が違うじゃないか」と怒られるような思考、これが「水平思考」である。コロンブスも人々に罵倒（ばとう）されたに違いない。前述の「会議日程調整システム」における提案も正にこの例である。話の「前提や条件」、みんながあたりまえとしている「常識」に疑いの目を向けることである。

常識を打ち破れ　～できるか「自己否定」？～

ところが、この「常識」を打ち破ることがなかなかできない。われわれは「常識」の中で生活をしている。大人としての、社会人としての「常識」が、平凡で安定した生活を約束してくれるからだ。その「常識」を打ち破るということは、平凡で安定した生活を打ち破ることにほかならない。つまり「自己否定」につながるのだ。人材育成部門長が、人材育成機能や担当部門を廃止するなどという「自己否定」はまずできないだろう。会社の業績のために自分のポストや部下の生活の保障までをも犠牲にできるだろうか？　また、「専門家ほど常識にとらわれる」と言われるが、専門分野の「常識」を商売道具にしている人たちにとっても、これを否定することはできないだろう。

水平思考

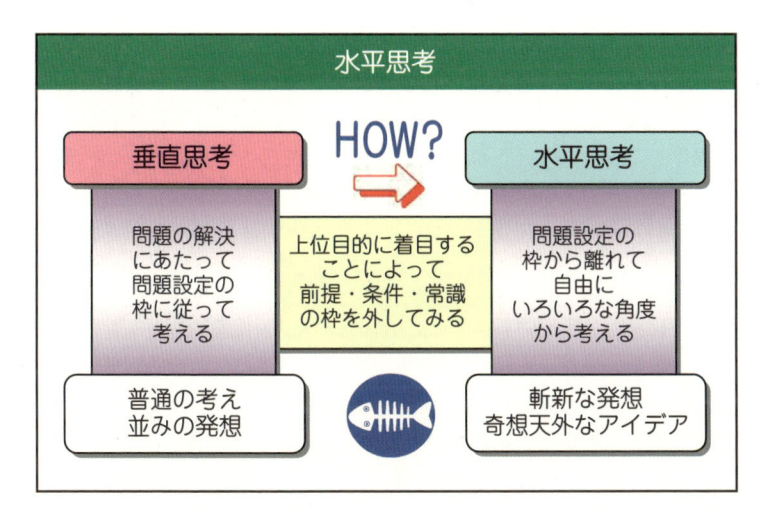

垂直思考	HOW?	水平思考
問題の解決にあたって問題設定の枠に従って考える	上位目的に着目することによって前提・条件・常識の枠を外してみる	問題設定の枠から離れて自由にいろいろな角度から考える
普通の考え並みの発想		斬新な発想奇想天外なアイデア

「仕事」の問題解決では、時には「自己否定」につながる「常識破り」を余儀なくされる場面が往々にしてあるものだ。自分をも含めた当事者全員の背後に回り、彼らを客観的に眺め、彼らが前提としている「常識」を一枚一枚はがしていくのである。日本企業がリストラ策として打ち出しているアウトソーシング、業務提携、M＆A（Merger & Acquisition 企業の合併・買収）などの発想は、当事者の「自己否定」なくして出てくるものではない。

「常識」と言えば、ある自動車ディーラーの営業マンとの会話の中で、クルマ業界の「常識」に遭遇してがっかりした経験がある。以前、クルマは「第二の生活空間である」と喧伝された。RV車など多様な車種が世に送り出され「快適さ」が売り物になっていたが、機能面や性能面での向上は見られたものの、残念ながら「快適な生活空間」としての向上はあまり見られていないように私は感じていた。

ところが営業マンは、話題のRV車について「もうモデルチェンジはないでしょう。やるべきことはすべてやり尽くしましたからね」とのこと。それを聞いて私はがっかりした。少なくとも「レクリエーション

空間」としての明確なコンセプトが設定されていたRV車において、100V電源コンセントもなければ、水もお湯も出ない。食事や読書など、生活場面に合わせた照明の調節もできないし、コートや上着などを掛けることすら考えられていない。「クルマの中でパソコンやドライヤーを使いたい人も結構いると思うんですが」という要望に対して「ああ、電源アダプターはショップに売っていますよ」という発想である。

安全性の問題でも同じことが言える。車内での携帯電話用オプションやテレビ、カーナビの高性能化、インターネット接続やゲーム遊びもよいが、子供の成長（乳児期から幼児期など）や高齢化社会の到来に合わせた座席サイズとシートベルトの調節機能や一体化など、安全性向上への取り組みにおいても知恵を絞ってほしいものだ。「いろいろと規制がきびしいので…」という「常識」を「言い訳」にすることなく。

2. プラス思考

「プラス思考」とは？　～目指せ「自立型人間」～

「早川さんはプラス思考ですね」と言われることがある。「早川さんと話していると元気が出ます」とも。自慢話をするつもりはない。「プラス思考」について一緒に考えたいのだが、この話はややもすると学問（心理学）的になったり、あるいは宗教的になったりする嫌いがある。それは本書の意図するところではないので、自分の話を持ち出すしかないのだ。

「プラス思考」とは何か？「プラス思考」とは、文字通り「物事をプラスに考えること」である、という説明だけではおもしろくない。私はもう少し具体的に、「物事を好意的に受け止め、建設的に考え、ポジティブに行動する」思考や態度を「プラス思考」と理解している。

いつごろからか覚えていないが「プラス思考ですね」と言われるま

「自立型」と「依存型」（1）

自立型	依存型
「自由・可能性」を感じている	「拘束・限界」を感じている
充実を求める	楽を求める
不満がない	不満を探す
他人の利益を考える	自分の利益を考える
信頼される	信頼されない
毎日を全力で生きられる	いつも何かが満たされない感じ

> ⚠ 出典：東京商工会議所主催「独立開業セミナー」テキスト
> （株式会社アントレプレナーセンター制作）をもとに筆者が編集

で、私は「プラス思考」という言葉を意識したことはなかった。私にとっての「プラス思考」は頭の中だけのそれではなく、行動の伴った思考であり態度である。そして、その意識の根底には、常に「より良くしよう」「より良くなろう」という思いがある。またそれは「自分だけ」ではなく「みんなで」である。もちろん、何でもかんでも好意的に受け入れてしまうということではない。それでは身体がいくらあっても足りないから、そこはちゃんと「選択思考」（後述）を働かせている。

「プラス思考」とは、物事を「好意的に受け止め、建設的に考え、ポジティブに行動する」思考や態度であると書いたが、もう少し補足する必要があるかもしれない。そのためのよい材料があるので紹介しよう。

「プラス思考」の反対は「マイナス思考」である。これらの違いを表現する格好の材料に「自立型人材」と「依存型人材」という言葉がある。これは、私がサラリーマンをリタイアし、起業の準備をしていたころに、東京商工会議所主催の「独立開業セミナー」で学んだ内容である。

「自立型人材」と「依存型人材」については、図を参照してほしい。特に説明は要らないと思うが、胸に手を当ててじっくりと読んでほしい。「プラス思考」と「自立型人材」は同義語ではないが、「プラス思考」であることの自覚が「自立型人材」であると理解している。さて、現在の諸君は「自立型」「依存型」のどちらに属するだろうか？ そして、将来に向けてどちらの生き方を志向するだろうか？

なぜ「プラス思考」か？ 〜*問題解決の基本姿勢*〜

なぜ「プラス思考」なのか？ 私にとって、「好意的に受け止め、建設的に考え、ポジティブに行動する」ことは、なぜか心地がよく、とてもさわやかなのだ。毎日が充実していて、夢や希望はあっても不満や羨望はない。毎朝「さあ今日も一日エンジョイするぞ！」という気持ちで起きられる。仕事であろうがプライベートであろうが、意に沿ったことであれば、たとえ人に頼まれたことでも「いやだ」とか「面倒くさい」とは思わない。

では、なぜ「問題解決」に「プラス思考」を持ち出すのか？「問題解決」は、理想と現実のギャップを埋める活動である。「仕事の問題」であろうが「家庭の問題」であろうが、物事を「好意的に受け止め、建設的に考え、ポジティブに行動する」ことによって、より理想に近づくことができると考えるからである。

私は、今日まで数多くの「プロジェクト」に参画してきた。プロジェクトの責任者（リーダー）には、この「プラス思考」が求められる。プロジェクトで発生するさまざまなアクシデント（問題）に対し、「好意的に受け止め、建設的に考え、ポジティブに行動する」必要がある。さらに、「自分だけ」の成果ではなく、「みんな」の成果と成長を優先する発想と行動がなければ、メンバーはついてこない。メンバーがついてこなければプロジェクトの成功への道は険しい。

「自立型」と「依存型」(2)

	自立型		依存型
自己依存	・状況の変化や相手に期待せず ・自らの可能性に期待する ・自主的な行動をとる	他者依存	・状況の変化や相手に期待する ・他人から指示されるのを待つ
自己管理	・自分の持っている能力を最大限に発揮する ・自分のできないことに挑戦する ・いかに充実するかを考える	他人管理	・他人に求められたことを忠実にこなす ・自分ができることしかやらない ・いかに自分が楽をするかを考える
自己責任	・問題の原因は自分自身にあると考える ・問題から逃げず真正面から受け止める ・問題を飛躍のチャンスと考える	他者責任	・問題の原因は状況や相手にあると考える ・問題からいかに逃避するかを考える ・問題に対して恐怖感がある
自己評価	・自分が納得するところまでやる ・他人が見ていないところでもとことんまでやる ・自分が正しいと信じたことを貫く	他者評価	・他人に認められるためにやる ・他人が見ていないところではサボる ・他人に評価されないことはやらない

出典:東京商工会議所主催「独立開業セミナー」テキスト（株式会社アントレプレナーセンター制作）をもとに筆者が編集

第1章で「結婚と家庭」について触れたが、「プラス思考」は独身時代に身に付けておくことを提案する。「結婚とは文化の融合」と書いたが、異文化の壁を乗り越えるには「プラス思考」が必要だ。人生を「プラス思考」で生きることができなければ、自分の子供に「どうしてボク（ワタシ）は産まれてきたの？」という素朴な質問にきちんと答えることができないだろう。「できちゃったから」という「マイナス思考」では、夢も希望もないではないか。

余談になるが、就職活動に関するアドバイスを一つ。具体的な業種や企業についての調査・検討を始める前に、「起業」を目指す人たちを対象としたセミナーに参加してみることを提案する。各地の商工会議所

などが主催する「起業家セミナー」とか「独立開業セミナー」とか言われるもので、ほとんどが無料で参加できる。提案する理由は、就職先としての「相手」を考察する前に「自分」を考察してほしいからである。「就職する」とはどういうことなのか？ 「働く」とはどういうことなのか？ 会社とは何なのか？ さまざまな角度から、直接・間接にものの見方・考え方を教えてもらえるし、経験豊富な先生方の話はメンタルな部分でも大きなパワーを注いでくれるはずだ。参加者のほとんどは企業でキャリアを積んできた人たちだから、彼らからも貴重な話が聞けるだろう。

　就職活動の終盤になってやっと「自分も含め、いろいろなものが見えてきた」という学生の声は多い。就職活動は、社会と自分自身を「発見」し、みずからの人生を「デザイン」する活動だ。「相手」の調査・検討を始める前に、ぜひ諸君自身の考察から始めていただきたい。

どうやって「プラス思考」を？　～「オレ流」で？～

　では、どうやって「プラス思考」を身に付けるか？　一緒に考えてみよう。

　「プラス思考をしてるなあ」と思われる人を念頭に置きながら整理をしてみると次のようになる。

　1）持って生まれた性格による
　2）環境（家庭・学校・職場など）にはぐくまれた性格による
　3）過去の体験（成功・失敗）などから自然と身に付けた
　4）みずから志向して身に付けた

　私自身は 3）だろうと思っているが、「自分はプラス思考をしている」と自覚している諸君はどう考えるのだろうか？　もしこれから身に付けたいと思うのであれば、方法は 4）しかない。では、具体的にどうすればよいのか？　私自身を振り返ってみることにする。

> ## どうやって「プラス思考」を身に付けるか？
>
> 1）自分流の「生き方」を意識する
> 2）「健康」を維持する
> 3）「気力・体力に」自信が持てるようにする
> 4）「人間思考」「選択思考」をする
> 5）「その気」になる
>
> オレ流！
>
> 穏やかに熱く生きる！

1）自分流の「生き方」を意識する
2）「健康」を維持する
3）「気力・体力」に自信が持てるようにする
4）「人間思考・選択思考」をする
5）「その気」になる

　一番大事なのは 5）かもしれないが、それぞれ説明するのでヒントにしていただきたい。

1）自分流の「生き方」を意識する

　人間だから、これからどう変化するかわからないが、今時点の自分の理想とする生き方を意識し、自分をそれに近づけようとすればよい。ちなみに私は、「穏やかに熱く生きる」ことが自分の理想とする生き方であったし、今もそうである。自分流の生き方を意識し、それに近づこうとすると、自然と「プラス思考」になってしまうのである。

　「プラス思考」ですぐに頭に浮かぶ有名人は、ファッション・デザイナーの山本寛斎氏とプロ野球の落合博満氏だ。お二人の話はいつ聞いて

も心地よく、さわやかだ。そして、なによりも元気が出る。山本氏からはパワフルに、そして落合氏からは穏やかに、物事を「好意的に受け止め、建設的に考え、ポジティブに行動」している姿がテレビからも伝わってくる。山本氏の「寛斎ブランド」はあまりに有名だが、モスクワやインドなど、国際的なイベント・プロデューサーとしても活躍されているし、日本の「元気応援団」として愛知万博の開会イベントなどでも活躍された。また、落合氏は「オレ流」のやり方で、パリーグで二度にわたる三冠王に輝くなど打撃のプロとして、そして中日ドラゴンズを就任一年目でリーグ優勝に導くなど名監督としても結果を残している。

2)「健康」を維持する

「健康」と「プラス思考」は、「ニワトリとタマゴ」の関係かもしれない。自分の健康について「好意的に受け止め、建設的に考え、ポジティブに行動する」ことによって、健康状態が維持されているのだろう。また、健康であるからこそ、そのように考えられるし、行動もできるのだろう。「病気が見つかるのが怖い」と言って健康診断を拒む人を見かけるが、私は「早く見つけて早く治したい」と思って積極的に健康診断を受けるほうだ。

3)「気力・体力」に自信が持てるようにする

「気力・体力」も「プラス思考」との因果関係が深いかもしれない。「気力・体力」を養うには、いろいろな体験を通して、精神的・肉体的な「ストレス」をみずからに課す必要がある。スポーツのトレーニングを例に取れば、ストレスの強度を徐々に上げながら、気力(精神力)・体力そして技術力を高めて行くことができる。

参考話を一つ。マラソン競技など有酸素系スポーツ・トレーニングの世界に「ＡＴペース(※)」というのがある。トレーニングを開始して、徐々にスピード(強度＝ストレス)を上げていくと「少し苦しいが、なんとかがまんできる、続けられる」状態に到達する。この強度のトレー

ニングが運動能力アップに効果的とされている。

※ AT（Anaerobic Threshold／エーティー）ペース：無酸素性作業閾値（詳細は省略）

　私は、この方法と考え方を、トレーニングや仕事に取り入れている。「けっして無理はしないが、納得できるところまではやる」といった具合である。「気力・体力」を充実・持続させるためには、精神的にも肉体的にも「適度なストレス」をみずからに課すことが近道である。

4）「人間思考・選択思考」をする

　「人間思考・選択思考」については後述するが、私は、家族はもちろんのこと、周りの人たちの喜ぶ顔を見るのが好きだ。みんなの笑顔を見ていると自分も楽しくなり幸せになる。そして、彼らの笑顔のために自然と「好意的」になってしまう。また、「人生は自分の自由意志による選択行為なんだ」と考えるとなぜか「ポジティブ」にもなれる。

5）「その気」になる

　「プラス思考」とはどのような思考なのか、身に付けたら自分の人生にどれだけプラスになるか、なぜ問題解決に役立つのか、これらが理解されていれば、あとは「その気になる」だけだ。そして、その「心地よさ」を体感することができれば「プラス思考」のとりこになってしまうだろう。さらに、「がんばれ大学生①〜⑫」で提案しているさまざまな生活習慣を取り入れることができれば文句なしだ。

　ところで、「マイナス思考」が役に立つ場面がある。企業における「リスク管理」だ。新しい商品開発やシステム開発の企画段階で、将来のリスクを予測する場合には、大いに「マイナス思考」を活用するとよいだろう。頭の隅に置いておこう。

エンジョイ人生は「貯金型」 ～さらば*「学生症候群」*～

　私は学生のころ「一夜漬け」の名人だった。そして、せっかく詰め込んだ知識をさっと忘れてしまうのも得意だった。考えてみれば、同じ時間を使って覚えた知識や情報を再利用できないのは実にもったいない話である。期限のぎりぎりになるまで行動を開始しないこのような習性を「学生症候群」と言うのだそうだが、余裕があってそうしているのではない。後ろめたさを抱きながらも、勉強よりも楽で楽しいことを優先しているためだ。本来であれば、物事の重要性から判断して優先順位を付けなければならないのだが、なかなかそうできないのが人間の浅はかさであり、弱さである。

　さて、諸君が社会に出たらどうなるか？　自然と「学生症候群」からは開放されるのだろうか？　いや、残念ながらそううまくはいかない。悪しき習性にきっぱりと決別をするか、だらだらと身を任すか、ここが人生の曲がり角だ。私は「学生症候群」的生き方を「借金型人生」と呼んでいる。やるべきことを先送りしながら、常に何かに追われるような生き方。借金を抱え、常に借金取りに追われているような人生だ。

　これに対して、やるべきことを先に片付けて、心に余裕を持った生き方を「貯金型人生」と呼んでいる。今日やるべきことを明日に持ち越さない。何かに不安が生じたときは、いち早く解消に努める。お金は貯めてから使う。常に「借り」のない人生である。

　どちらの生き方を選択するかはもちろん諸君の自由だが、人生をエンジョイしようと思うのであれば、私は「貯金型人生」を勧める。宿題にしても仕事にしても、やるべきことを早めにこなし、精神的にも経済的にもゆとりが持てれば明日は怖くない。月曜日に学校や職場に行きたくないという人の理由の多くは、勉強や仕事において遅れや「借り」があるからに違いない。無理をする必要はないが、ほんの一歩でよいから前方に身を置きたい。すでにお気付きのように「自立型」の人は、必然的

に「貯金型人生」を選択することになる。

　ちょっと脱線。大相撲の横綱朝青龍が、千秋楽の結びの一番で大関栃東を下し、優勝を全勝で飾ったときの話である。取り組み後のインタビューで「立会いでの一歩が出ていると次の展開が見えてくる」というようなコメントを言っていた。そのとき私は「これだ」と思った。「受けて立つ」のではなく「立会いで一歩前に歩を進める」ことによって新たな展開ができると言うのだ。出遅れたり、受けて立ったりしたのでは防戦になってしまうことは必至だ。

　さらに脱線。身体のそう大きくはない朝青龍の相撲を見ていて気が付いた。彼の相撲は、自分の得意な体勢になるまで動きを止めない。すばやい動きで相手を翻弄（ほんろう）し、ちゃんと自分の体勢に相手を引き入れてからじっくりと詰めの攻撃をしかけている。「立会いで一歩前に歩を進める」ことが「自分の体勢作り」につながっているのだろう。参考にしたい。

3. 人間思考

「人間思考」とは？　～すべては「人」のためにある～

　「人間思考」とは何か？「問題解決」にあたって、絶対に避けられないテーマがある。それは「人（人間）」である。「人間思考」とは、「人」を中心に物事をとらえ、考えようとする態度である。なぜ「人間思考」か？　それは「問題」の中心には必ず「人」がいるからだ。そして、そのことを認識せずに「問題解決」を図ることはできないばかりか、理解しないところに「問題」が発生しているからだ。では、「就職・仕事・結婚」などでの問題解決において、常に念頭に置かなければならない三つの「人間思考」を紹介する。

最初の「人間思考」は、問題解決の対象とする「すべてのもの（こと）は人のためにある」「人のために存在している」ことを認識しようというものである。これは「問題解決」の「発見フェーズ（①問題の特定・②原因の発見・③課題の設定）」「デザインフェーズ（④解決策のデザイン・⑤行動計画のデザイン）」双方において必要とされる基本的な考え方である。

　ある会社での勉強会で、「ペット・フードは人のためにあるんですか？」と揚げ足を取られたことがあるが、「ペットは人のためにあるんですよ」とお返しした。「会社は人ですか？」とも問われたことがある。「会社は法人といって、組織を人格化しているし、それを構成する株主も役員も従業員も、皆さん人ですよね」とお答えした。

　前章の「システム発想」を思い出してほしい。問題解決の対象とするすべてのもの（こと）は「システム」として存在している、と発想することが「システム発想」であった。「人間思考」は「問題解決の対象とするすべてのもの（こと）は人のためにある（存在している）」と言っている。これを結びつけて考えると、あらゆる「システム」は「人のため」に存在している、ということになる。問題解決にあたって、まず、宇宙や社会、仕事、家庭、そして身体や子供のおもちゃに至るまで、すべてのものが「人のため」に存在している、と考えるのが「人間思考」である。

　「えー、宇宙は人のためにあるんですか？」というブーイングが聞こえてくる。「問題解決思考法」は自然科学を説くものではない。あくまで「ツール」である。突き詰めて考えすぎる必要はない。あえて答えを用意するならば「宇宙がなければ人は存在していない。生きてはいない。問題すら発生していないに違いない」ということになるだろう。つまり「人間思考」とは、人間を中心に物事をとらえ、考えようとする態度なのだ。

　では、なぜ人間を中心に物事をとらえ、考えようとしなければならないのか？　それは、「問題」として感じているのは「人」であり、その

「問題」を発生させているのも「人」であるからだ。そして、「問題解決」は「人」が「人」のために行う行為であるからだ。例えば、どんなビジネスにも複数の「人」が関連している。人が考え、人が働き、人が結果を出している。人は機械ではない、人ゆえにミスも犯すし勘違いもする。また、どんなに機能・性能に優れた、絶対に売れるはずの商品でも売れない商品は売れない。買うか買わないかは「人」が決めているのだ。

「問題解決」にあたって、あらゆる「システム」は生身の「人」で構成されているという前提に立ってすべてを見てみようという態度が「発見フェーズ」における「人間思考」である。また、システムを作るのも使用するのも、その結果の利益や満足を享受するのも「人」であるという、人の存在を前提にした解決策や行動計画のデザインを心がけるということが「デザインフェーズ」における「人間思考」である。身体に優しいか？ 使いやすいか？ 持ち運びに便利か？ 人への思いやりは、システムや製品・商品の顔となって人から人へと伝播していくのである。

競争社会の落とし穴　～仕事の向こうに「人」がいる～

またしても私事で恐縮だが、息子が高校生のころ、諸君と同様にいろいろなアルバイトを経験した。あるとき「お父さん、仕事の向こうには人がいるんだね」と言ってきた。あまりに唐突かつあたりまえのことを言うので「どうした？」と真意を尋ねてみた。「お店での接客はもちろんだけど、皿洗いでも伝票整理でも、自分の仕事の結果は必ず誰かほかの人にバトンタッチされていくんだよね」「だから、仕事というのは次の相手のことを考えてやらないと、きちんとバトンタッチができないんだよね」ということであった。アルバイト先で発生するいろいろなトラブルについて、その原因を考えているうちに気が付いたのだそうだ。「仕事の向こうに人がいる」。この「発見」には「座布団5枚！」だ。そしてこれが、二つ目の「人間思考」である。

病院での医療ミス、企業のずさんな安全管理やトラブル隠しなど、社

会をにぎわす事件や事故、これらはすべて「人災」である。多くの企業の業績不振や仕事の品質低下、各種プロジェクトの失敗などの原因は多かれ少なかれ、皆このことに起因していると私は確信している。

「顧客指向」とか「顧客満足」という経営方針の下に、「顧客」を優先しすぎるため、ともに働く「人」を、無視しているのか、あるいは忘れているのか、「社員」を大切にしていない会社が多いと聞く。大学生の就職希望ランキングで上位に名を連ねるような超有名企業でも、競争競争でギスギスしているところが少なくないとも伝え聞く。短期的な実績評価制度がそうさせているのか、一歩社内に足を踏み入れると「自分さえ良ければあとはどうでもよし」といった空気が伝わってくるそうだ。反面、中堅・中小企業の中でも、「顧客」と同等に「社員」を大切にしている優良企業も多いようだ。このような「人」を大切にする企業は、成長を維持しているか、あるいは厳しい環境変化に耐えることができているはずである。

人が一生懸命に仕事をすればするほど、組織のミッションに忠実になればなるほど、自分以外の「人」の存在を忘れてしまいがちだ。仕事も社会も自分一人で成り立っているのではない。自分のために地球が回っているのではない。人と人との連携ですべてが成り立っているのだ。お客様も仕事の仲間もみんな自分と同じ「人」である。連携する次の「人」の立場に立ってものを考え、行動する。人への「思いやり」を大切にする。そのことを忘れたとき、個人であっても組織であっても、その行く先には大きな「落とし穴」が待ち受けていることを肝に銘じるべきである。

余談になるが、サラリーマン時代に、ある大手国産自動車メーカーの工場に自社の営業マンと同行したときの話。その工場近くの道路際にたくさんのクルマが駐車しているので不思議に思い、営業マンに尋ねると、納入業者はそのメーカー以外のクルマでは門をくぐらせてもらえないという。私は「なんという思い上がりか」と憤りを抑えるのに苦労し

たことを今でも鮮明に憶えている。そんな自動車メーカーが業績不振に陥り、外国企業の指導の下に大リストラを断行せざるをえなくなったという事実は納得できるところである。

本音と建て前　〜*最後は「人」が決めている*〜

　三つ目の「人間思考」は、意思決定において「最後は『人』が決めている」ということの再認識である。「なんだ、『問題解決思考法』というのはあたりまえのことばかりじゃないですか」というあきれ顔が目に浮かぶが、あたりまえのことでもそれが肝心なときに思い出されなかったり、考えるヒントとして活用されなかったりでは意味がないのだ。

　では、どういうことか？　それは、日本の社会では、正義や論理がすべてではない、ということである。「正しいから」「それが道理だから」と言って正義や論理を振りかざしてみても「問題解決」には至らない場面が多いということを認識すべきである。物事を決定しているのは正義でも論理でもコンピュータでもない。「人」が決めているのだ。そして、何がその「人」を動かしているのか？　そこに目を向けることが、重要なのである。

　日本の社会は、憲法の下に自由平等かつ民主的であるべきだが、実はそうとも言えない不思議な部分が多い。代表格は政治と国民との関係だろう。自由と民主主義を標ぼうする政党が、国の最高決議機関である「国会」において、国民の安全や生活に直結する重要案件を十分に審議もせずに、白昼（深夜）堂々「強行採決」という茶番劇を何度も何度も繰り返しているのに、選挙では国民に一番支持されているのは「なんでだろう？」と両手を出して歌い出したくなる。

　政治や行政の世界だけでなく、民間企業の中にも「派閥・学閥・同期閥」という不思議な「力」が存在している会社が少なくないという。りっぱな経営理念や創業の精神などの陰に、個人の能力や人格とは別の

価値観をもってひっそりと横たわる不思議な「力」である。外からはうかがい知ることのできない強力なパワーが、企業や組織の意思決定に影響力を発揮しているのである。

日本では「本音と建て前」という言葉が市民権を得ている。政治・ビジネス・地域といった日本中どこに行っても通用する便利な言葉だ。正義や論理が「建て前」とすれば「本音」はそれ以外のところにある。日本人は「建て前」を大事にするが、意思決定は「本音」で行っている。また、他人の「本音と建て前」の使い分けは非難するが、自分のそれには言い訳すらしない。「建て前」を尊重しながら「本音」への道筋を上手につける妙技を身に付けていると言ったほうがよいのかもしれない。

これから社会にはばたこうとする大学生諸君を前にして、こんな話を並べたのでは夢も希望もなくなるかもしれないが、ここは「プラス思考」に期待しよう。こんなことでがっかりしたり腹を立てたりしてはいけない。人生にはいろいろなことが起こるし、見たくもないものを見なければならないこともある。そのたびにいちいちキレたり、人生をやめたりするわけにはいかなのだ。

物事を決定しているのは正義でも論理でもコンピュータでもない。「人」が決めているのだ。そして、その「人」を動かしているものの中には、理解しがたい、人間くさいドロドロとしたものが多いということ、きれい事ばかりではないということを理解し、覚悟することも「問題解決」には必要なのである。

ちょっと脱線。『忠臣蔵』の話は知っているだろう。主君のあだ討ちを目的とした、旧赤穂藩士による吉良邸討ち入りの話である。「あだ討ち」はご法度であった。明らかに「ルール違反」である。にもかかわらず『赤穂浪士』は、その時代から現代まで日本人の喝采を浴びているのはなぜだろう？　日本人にとって「ルール」よりも大事なものとは何なのだろうか？

4. 選択思考

「選択思考」とは？　～サルトルの言葉～

　諸君とちょうど同じ年ごろに読んだジャン・ポール・サルトル（フランスの哲学者）の「人生は自由意志による選択である」という言葉が今も私の頭を離れない。「人生はすべてどう生きるかの選択である」といった意味だが、その言葉は私の気持ちをぐっと楽にさせてくれたことを今も鮮明に覚えている。「人生は自由意志による選択である」。これが「選択思考」であり、これに基づくいくつかの考え方が「問題解決」の「発見フェーズ・デザインフェーズ」に役に立つ。

　高校を卒業し、故郷の新潟から裸一貫、西も東もわからない大都会東京に出てきた私には、「とにかく自分の力で生きていかなくてはならない」「自分の身に降りかかる出来事に対してはすべて自分の判断と行動で対処しなければならない」といった不安が常にあった。まだ自分の経

験をもとにした精神的な支えとなる「考え方」など身に付けていないころの話である。サルトルの言葉から「そうか、自分の『選択』で生きているんだ」ということを自覚したとき、なぜか「ほっと」した。それまでの私は、親の期待と社会の規範やさまざまな制約の中で、自分の生きる道がすでに決められているかのような錯覚の中で生活し始めていたのである。

　成人になったとき「これからは個人としての責任はすべて自分にある」「親に頼ることも責任を転嫁することもできない」と覚悟した。そして「自分の人生は自分が主役。自分の生き方は自分で選択しよう」と心に決めた。そう決めてからすごく気持ちが楽になった。物事を楽観的に考えることができるようになったのだ。楽観的に考えるようになったら、今度は積極的にもなった。それまで、どちらかと言えば受身だった自分の発言や行動が積極的、前向きになったのだ。すべてにおいて「どうせやるなら、よりおもしろく、より楽しくやろう」と考えるようになった。「仕事」にしても「遊び」にしても、人と違ったやり方を考え、実行するようになったのである。私の「プラス思考」はこのころに芽生えたのかもしれない。

　試験問題は別として、人生に登場する諸問題の「答え」は一つではない。複数の選択肢からその時点で最善のものを「選択」すればよいのである。選択肢がなかったら、あるいは十分でなかったら、そのときには誰かに相談すればよい。友人でもよい、先輩でもよい、会社の上司でもよい、行政機関でもよい。そう考えるとかなり気持ちが楽になる。失恋したからといって、何度も何度も面接試験に通らないからといって、仕事の成績が思わしくないからといって、職を失ったからといって、落ち込んだり失望したりすることはない。ましてや自殺や犯罪などを「選択」する必要はないのだ。

　ぜひ諸君にも自覚していただきたい。これまでは他人（ひと）の意思に頼ってきたところが多かったと思うが、これからは「自分の意思で選

択」しよう。今の自分に不満なら改造すればよい。性格が気に入らなかったら理想（目標）を決めて変えればよい。体力がなかったら鍛えればよい。（薦めるわけではないが）今は自分の「名前」や「顔」だけでなく「性別」さえも変えられる時代である。すべては「自分の意思による選択」なのだ。

　ちなみに、大学生の本業である「学問（学業）」は、人生における「選択の幅」をぐぐっと広げてくれるに違いない。初等・中等教育で学んだ基礎知識や技能をもとに、これからの人生にかかわるテーマについて、より広くより深く学ぶことによって、選択肢の幅と質がより豊かになるのである。幼いころから「勉強しろ、勉強しろ」とうるさく言ってきたお父さんやお母さんの「親心」の意図するところは、実はここにあるのである。

　「答えは一つではない」という認識から出発すること、これが「問題解決」における「選択思考」の最初の活用である。これからの進路を決定するとき、人生の迷い道に足を踏み入れたとき、ぜひこのことを思い出してほしい。

　ここで、参考事例を一つ。『ズームイン』でおなじみ、日本テレビの西尾由佳理アナウンサーは、短大時代にどうしても「アナウンサーになりたい」と、一念発起して四年制大学への編入試験に挑戦した。友人とのつきあいも犠牲にしながらの猛勉強の末、みごと合格。さらにアナウンサー試験にも合格して現在があるそうである。「自分未来史」はいつでも自分の「自由意思による選択」で描き変えることができる、という好例である。

予期せぬ原因　〜すべては「選択」された結果である〜

　問題発生の「原因」を発見し、それを除去することが「問題解決」であることはすでに確認した。なぜ問題が発生したのか？　なぜ問題と

なる現象が起こったのか？「②原因の発見」に際し、問題となっている現象は「すべては（人によって）選択された結果である」という見方をすると「真の原因」に近づくことができるし、再発防止に向けた「③課題の設定」にもつながる。つまり、事件や事故などの「困った問題」は、原因にかかわる「人（たち）」による判断や行動の「選択」結果によるところが大きいのである。

　新聞の社会面に毎日のように掲載される企業や団体の「お詫び・リコール・自主回収のお知らせ」記事。さまざまな企業・団体による「困った問題」は、当事者の「うっかり」や「たまたま」などという言葉だけで説明されては困るのである。「二度とこのような不祥事が起こらないように厳重な注意を…」という説明だけでは、安心して消費者にはなれない。なぜ「うっかり」や「たまたま」を防止できる「仕事の仕組み」にしていなかったのか？　人の健康や命を預かる企業や団体においては、注意を喚起するための手順やルールも大事な「仕事の仕組み」である。安全を最優先すべきところを、他の事情を優先したのか、あるいは人はミスを犯すはずがないということを前提にしたのか、いずれにしても、仕事の手順や仕組みを決める「人（組織）」の問題である。言うなれば、企業や団体による仕事の仕組みについての「選択」ミスである。そこにメスを入れなければ再発を防止することはできないはずだ。

　そもそも、問題発生の原因は「人」が作っている、ということに気が付くべきだろう。つまり、問題発生はすべて「人災」であると考えてよい。交通事故や火災などはもちろんのこと、地震や洪水などで発生する被害についても同様である。「えっ？　地震や洪水などの自然災害も人災なんですか？」と諸君は問うに違いない。地震や洪水などの発生は自然現象によるものだが、これが災害につながればりっぱな「人災」である。自然災害の予知を怠り、災害の発生から人々の安全を守れなかった組織（国や自治体など）や、みずからを守れなかった個人による「過失」であり「人災」である。これは、自然災害への対応策の「選択」結果であると言えるだろう。択捉島沖の地震で北海道に津波警報が出たと

選択思考

1) サルトルの「人生は自由意志による選択である」
   ⇒ 問題の答えは一つではない!

2) すべては「選択」された結果である
   ⇒ 選択理由に一歩踏み込むと「予期せぬ原因」が!

3) 取るべき行動の「選択」
   ⇒ 選択の主体は誰か?

4) 行動の「優先基準」
   ⇒ 優先すべき行動は?

き、避難した住民はわずかだったと言う。その2年前に発生したスマトラ島沖地震の津波被害で20万人を超える死者が出ているにもかかわらずだ。幸い被害は無かったが、もし被害が出ていれば、これは明らかに「人災」だ。

　「すべては人による『選択』の結果である」ということに着目し、さらに一歩踏み込むと「予期せぬ原因」が現れることがある。現象は単なる「事故」であっても、原因を探るとそこには深刻な「事件」が潜んでいる場合がある。マスコミを騒がす悲惨な事故も、実は一部の人間がみずからの保身のために「選択」した行動に端を発しているというケースが少なくない。そこでは、いくら技術や仕事の現場に改善の努力を求めたとしても問題は解決しないのである。

　このように、問題の発生原因を当事者による単なるうっかりや偶然ととらえるのではなく、すべてが「人」の意思による「選択」の結果であると考え、真の原因を究明し、解決の糸口を見出そうとする姿勢が「問題解決」における「選択思考」の二番目の活用である。

行動の選択　～青島警部補の悩み～

　フジテレビ『踊る大捜査線』の青島警部補の活躍については諸君のほうが詳しいだろう。私もテレビや映画で何度も楽しませていただいた。青島警部補を中心に「人（個人）と組織」の絡み合いを、時にはシリアスに、時にはこっけいに表現してくれている。気が付いていると思うが、この作品は青島警部補の格好のよさやドラマとしてのおもしろさだけでなく、さまざまな問題提起をしてくれているようだ。

　第４話の名場面。青島たち捜査員は、あと一歩というところまで連続強盗傷害事件の容疑者を追い詰めていた。ところが、青島は物陰で金髪の男に殴られている少女を見てしまったのだ。

　　青島　「本部、近くでもめ事が…」
　　室井　「騒ぎを起こすな。マル被に気付かれる」
　　青島　「女の子が」
　　室井　「犯人確保が先決だ。動くな」
　　青島　「……」

　青島は悩む。少女を助けるべきか、容疑者逮捕に全神経を集中し職務をまっとうするべきか？

　さあ、そのとき諸君は青島警部補にどちらの行動を期待しただろうか？　そして、諸君が青島警部補だったとしたら、どちらの行動を「選択」しただろうか？　はたまた青島警部補への期待と自分の場合の「選択」は同じだっただろうか？

　作者の意図とは別に、私はこの場面で「行動の選択」について考えさせられた。つまり、解決すべき複数の問題に直面したとき、どちらを「優先」して行動すべきか、どちらの行動を「選択」すべきか、ということである。この場面では、できれば両方とも解決したいと思うのは諸君も青島警部補も同じだろう。ところが、人間にはどうしても複数の

選択肢の中から取るべき行動を選択しなければならない場面はあるものだ。このような場合、「行動の優先付け」をしなければならないが、その前にすることがある。それは「行動の選択をする主体は誰か」を明確にすることである。

「行動の選択をする主体」とは、「誰の立場」で取るべき行動を選択するのか、ということだ。第2章「問題解決の手順」の「①問題の特定」で、「留意すべき第一のポイントは、誰にとっての問題であるか、問題の主体は誰か？」ということを確認したが、そのことである。青島警部補に期待したことと自分の場合の選択とが異なった諸君も多いのではないだろうか？　つまり誰の「立場」で考えるのかによって「選択」される行動は異なってくるのだ。青島個人で考えるのか、国家公務員としての青島警部補の立場で考えるのかによって選択すべき行動は異なってくる。そして行動の結果についての責任も同様に異なってくるのである。青島個人としての行動には青島個人が、青島警部補としての行動には組織が責任を取るのが建て前だ。

ドラマの結末としては、青島警部補は個人の責任で行動し、少女を助けた。そして、組織の命令に背いたとして査問会議に掛けられ、男らしく正々堂々と責任を取ったのである。

諸君も社会に出ると青島警部補のようなつらい場面に遭遇することが多くなるだろう。期限の迫った重要な仕事を抱えた週末の定時後をどのように過ごすか、という悩ましい「選択」の場面を何度も経験することになるだろう。会社か、家族か、自分か、いずれを優先すべきか？　仕事においても、全社（会社全体）の利益を優先するのか、自分の職場や仲間の立場を優先するのかによって行動と責任の取り方が異なってくる。いずれにしても、青島警部補のように、個人の責任で起こす行動には「自己責任」という覚悟が必要であることは言うまでもない。

行動の優先基準　～問題発生は「無差別非同期出現」～

　誰の立場で行動すべきかが「選択」できたら、次は行動の「優先順位」である。「問題」は、順序よく一列に並んで目の前に現れてはくれない。問題発生は「非同期無差別出現」である。彼らに手際よく対処するためには、優先順位を付けながら進まなければならない。では、何を基準に優先順位を決めるか？　「優先基準」は人によって、あるいは場面（テーマ）によって異なるが、1）重要度　2）緊急度　3）影響度　4）経済性　などを基準に置くとよいだろう。

　1）「重要度」とは、行動の主体にとっての重要度である。過去に凶悪事件を犯した容疑者を捕らえることと、凶悪な事件に遭遇しかかっている女性を助けるのとはどちらが重要なことか？　おそらく青島警部補は、組織人としてではなく、個人として、あるいは「人間」としてどちらの選択が重要なことであるかを考えたに違いない。

　2）「緊急度」とは文字通り、急ぐべきは何か、という時間の問題である。青島警部補の二つの事件は、ともに人の生命にかかわるもので緊急性はある。しかし、急ぐべきはどちらか？　確かに連続強盗傷害犯を今ここで捕らえなければさらに犯罪は繰り返されるに違いない。しかし、金髪の男に殴られている少女は、もしかしたら目の前で殺されるかもしれない。と、青島警部補は考えたのだろうか？

　3）「影響度」とは、その行動によって影響を受ける範囲の大きさである。重要度が同じなら「困った問題」でも「楽しい問題」でも影響度の大きい問題から先に解決したほうがよいだろう。連続強盗傷害犯が警察に追い込まれ、爆弾を振りかざして暴れているとしたら、青島警部補は女性の危機（人命）よりも女性も含む当事者全員の安全確保（人命）に立ち向かったはずである。

　4）「経済性」。「仕事の問題」でも「家庭の問題」でも「お金」は重要である。経済的に有利な（利益や金利など）行動を選択するという

ケースと、限られた経済の中（予算や小遣い）での行動を選択せざるをえないというケースが想定される。軽自動車よりも大型自動車のほうがゆったりと乗り心地もよく、おじいちゃんおばあちゃんも載せてドライブに行けるので絶対によいのはわかっているが先立つものが…である。

　余談である。おもしろいことに人間もコンピュータも、一人（一台）が同時に二つ以上のことはできない、考えられないようにできているようだ。人間もコンピュータも同時並行処理といって、同時にいろいろなことをしているように見えるが、実は超スピードで「時分割処理」をしているにすぎない。瞬間瞬間に優先順位を付けながら、状況に即した処理（行動）をしているのである。道を歩いているときに、前方からものすごいスピードでボールが飛んできた。諸君はそれに気付き、ボールをよけようかキャッチしようかと瞬時に判断する。その間歩くことは考えていない。道路も見ていない。惰性を利用して歩いているだけだ。「よし、間に合う。キャッチしよう」と取るべき行動を「選択」し、両手を前に移動したちょうどそのとき、諸君の右足は道路にぽっかりと開いた穴に向かって移動している。「問題」はこのようにして起きるのである。

5. 図解思考

「図解思考」とは？　〜口下手も悪くないよ〜

　「図解思考」がブームになっている。とてもよいことだ。インターネット上のホームページや最近の新聞・雑誌でもふんだんに「図解」が用いられていてとてもわかりやすい。これらがすべて活字だったらと思うとぞっとする。

　私は子供のころから活字が苦手で、マンガ本を代表とする「絵」表現が好きだった。学校では国語の授業よりも図画工作や美術のほうが楽

しかった。それは今でも変わっていない。会社に入ってから、もともと口下手で文章も苦手だった私は、自然と絵（図）を用いて言いたいことや理解したことを表現するようになっていた。それが周りにも受けた。そして「絵表現」は、自分だけでなく周りの人たちにもわかりやすいのだ、ということに気が付いた。

「図解思考」の「図解」とは、「図で説明すること（『広辞苑』）」である。「図解思考」とは、「図解」を使用して「思考」することであるから、物事を理解したりデザインしたりするときに、文章や言葉ではなく図や絵を意識的に使うことであると理解してよいだろう。考えてみれば、人間は物事を認識するとき、目や頭では「図＝絵」でとらえている。それをコミュニケートするために言葉や文章という厄介なものに頭の中で置き換えているのである。ということは、人間はもともと「図解」が得意なはずである。

「パンダの顔を描いてみて」と言われて描ける人は結構いるだろう。ところが、突然人前で「今の説明を絵で表現してみて」と言われて「はい、わかりました」と即答できる人は少ない。「君の作ったケーキの作り方をわかりやすく図解して」とか「巨人と阪神の今期の成績を図表で比較してみて」とか言われると「それならなんとかできるかもしれない」という気持ちになるだろう。ポンチ絵（漫画）にするか図表にするか、表現方法は別として、見る人によりわかりやすく、かつ的確に表現できればりっぱな「図解思考」ができていると言える。

このように「図解思考」では、単に絵を描く「デッサン力」ではなく、図解の対象を「構造的」にとらえ、それを人に伝えるための「表現力」が求められるのである。「構造的」とは、そのもの（こと）の仕組みや関係を「論理的」にとらえることであり「論理思考」が必要になる。また、「表現力」とは、それをわかりやすく的確に表す能力であり、ここでは「図解表現」と呼ぶことにする。「図解思考」を次の式で定義し、次に進もう。

> **なぜ「図解思考」?**
>
> 図解思考 ＝ 論理思考 ＋ 図解表現
>
> 1) わかりやすい
> 2) 抜けを見つけやすい
> 3) 説得力がある

「図解思考」＝「論理思考」＋「図解表現」

なぜ「図解思考」か？　～*問題解決の武器にしよう*～

次に、なぜ「問題解決」に「図解思考」なのか？　それは、便利だからである。では、どのように便利なのか？　私は経験的に次の３点をあげる。

1) わかりやすい
2) 抜けを見つけやすい
3) 説得力がある

1) わかりやすい

なんと言っても「図解」を見る人にとって「わかりやすい」というのが一番だ。「問題」に関係する「わかりやすく」整理された情報を関係者全員で共有できること、これは重要である。問題解決を一人で行うことはまれで、ほとんどがチームやプロジェクトでの活動だ。そこで重要

なのは、関係者全員による「情報と認識の共有化」である。「問題解決の基本手順」を思い出してみよう。

【ⅰ】発見フェーズ	① 問題の特定
	② 原因の発見
	③ 課題の設定
【ⅱ】デザインフェーズ	④ 解決策のデザイン
	⑤ 行動計画のデザイン
【ⅲ】実行フェーズ	⑥ 実行
	⑦ 評価

　これらの各工程において、検討や作業の結果は必ず資料としてまとめられる。そして、これらの資料を使って関係者全員が情報を共有し合い、内容を理解し合い、アイデアを絞り合いながら共通の目標に向かって進むのである。このとき、資料の内容がすべて活字表記だったらどうだろう？　すべての資料が『六法全書』のように書かれていたとしたら、プロジェクトはすぐに暗礁に乗り上げてしまうに違いない。

　少し脱線する。以前、大手金融機関で情報システムのトラブルが話題になったが、原因はソフトウェアのミスだ。ソフトウェア・ミスと言ってもいわゆるプログラム・ミス（バグという）ではない。日本の金融業界を支える銀行情報システムはそんな低レベルではない。銀行同士の短期間での合従連衡という根本的な要因はあるものの、おそらく原因は「仕様」のミスだろう。情報システムにおける仕様とは処理機能の定義である。銀行業務に関するあらゆる処理機能を定義し記述するのだから大変だ。この例を持ち出した理由は、情報システム開発での処理機能定義がまだまだ文章に頼っているということである。一部には「図解表記」の技術も開発・導入されてはいるがツールとして利用するにはあまりに専門的で、一般の業務担当者の理解を得るのは難しい。私はもっともっと素人にも通用する「図解表記」を採用すべきであると考える一人である。

第4章 問題解決力を強化する思考法　129

図解サンプル（1）

情報システム人材の流動化

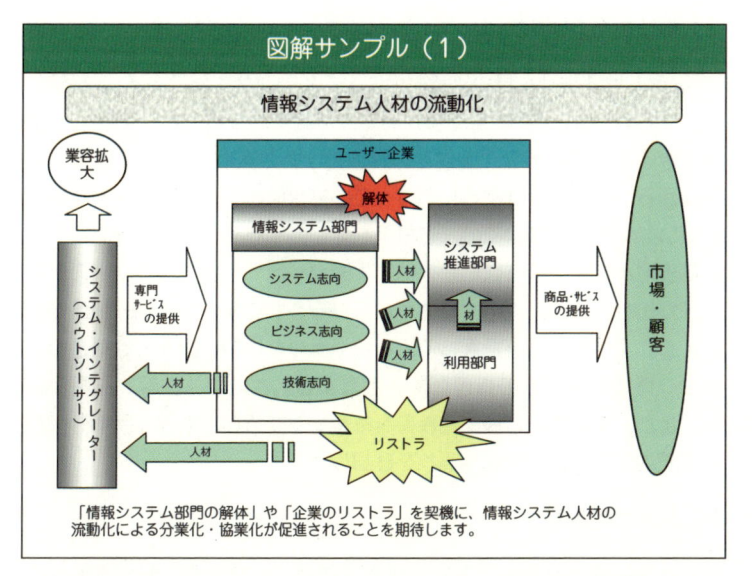

「情報システム部門の解体」や「企業のリストラ」を契機に、情報システム人材の流動化による分業化・協業化が促進されることを期待します。

　脱線ついでにもう一つ。「特許」いわゆる工業所有権の世界でも「図解」が重要な役目を果たしている。以前「ビジネスモデル特許」を出願したことがある。「人に任せる前に一度は自分で体験してみよう」というのが私のモットーなので、このときも弁理士（※）の先生に頼まずに自分で出願した。特許の考え方や出願手続きなどについての勉強をしてから、類似の出願書類を参考に見よう見まねで書き始めたのだが、使用する文章が難解なのには参った。一つの文章が長い。困り果てて特許庁に問い合わせたら「普通の文章でいいですよ。高校生でも読める程度にわかりやすく。できるだけ図面を使って説明してください」ということだった。ほっとした。勝手に私が「お堅い」と思い込んでいた特許庁の審査官も、「わかりやすさ」と正確さを「図解」に期待しているのだと知ってうれしくなった。

※　弁理士：特許・実用新案・意匠または商標に関する登録出願等の代理もしくは鑑定などを業とする者（『広辞苑』）

２）抜けを見つけやすい

「図解」は「抜けを見つける」のにとても便利な道具である。「図解」は、「全体と部分」が一目でわかるだけでなく、それらの「関係」も表現できる。いろいろな「条件との関係付け」も表現できる。「図解」を見ながら、あの場合はどうだろう、この場合はどうだろう、などと描かれていない部分についての「連想」を促してくれる。ところが、これが文章表現となるとそうはいかない。人間が一目で把握できる文章の量はたかが知れている。次の文章を読んでいるうちに前の文章は一瞬頭から消える。全体と部分を把握して、抜けや誤りを見つけ出すのは難しい。私は、情報システムの処理機能を定義するときには「図解」を駆使した。また、文章表記の機能定義書をチェックするときには「図解」に翻訳して内容の整合性や機能漏れを確認した。

３）説得力がある

私は長い間、情報システムの構築に携わってきたが、新システムの開発企画書から各種設計書、導入マニュアルに至るまでプロジェクト全般を通して極力「図解」を利用した。これらの文書の中で絶対に「図解」でなければだめだというのがある。それは「企画書」である。企画を決裁する人たちは皆お忙しい方ばかりである。短時間のうちに首を縦に振らせなければならない。企画書というのは「説得書」である。資料に「説得力」を持たせるには、説得相手に文章を読ませてはならないのだ。「見てわかる」ほど「説得力」のあるものはない。決裁者が必要とする情報を「見てわかる」ように、かつ「論理的」に、何枚かの「図解」で表現できれば成功である。この「説得力」が「図解」の三つ目の便利さである。

どうやって「図解思考」を？　〜今から始めよう〜

「図解思考」つまり「論理思考」と「図解表現」は、大学生にとって

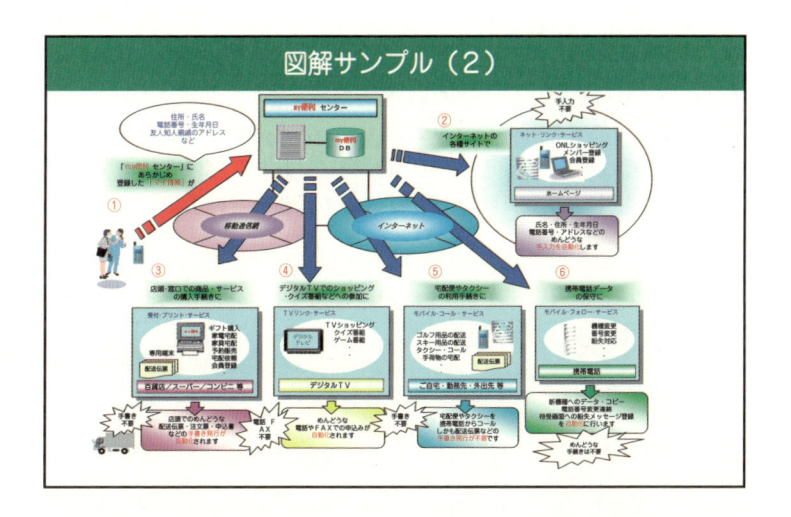

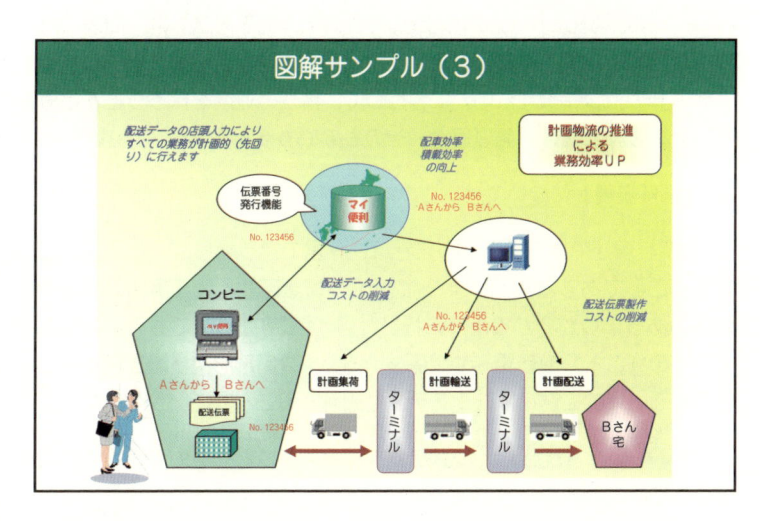

第4章 問題解決力を強化する思考法 131

これからますます重要になってくるだろう。就職活動では、エントリーシート上に文章表現を求めているケースがほとんどだが、私なら「図解」も求めるだろう。どこまで「論理思考」ができているか、自分の考えをどう「図解表現」できるかを確認できるからだ。社員一人に一台のパソコンを持たせる会社が増えたが、「図解思考」ができなければ「プレゼンテーション・ソフト」や「表計算ソフト」などは有効に使えない。大手企業でさえも、まだまだ文章の箇条書きだけのプレゼンテーション資料が多い。

では、次の定義（式）を利用して「図解思考」をどのように身に付けるかを考えてみよう。

　　「図解思考」＝「論理思考」＋「図解表現」

1）「論理思考」について

物事を「論理的」にとらえるためにはどうすればよいか？　第3章の「システム的思考法」を活用しよう。「システム的思考法」は、問題の対象を「目的と手段、本質と現象、全体と部分、理想と現実」という「システム」の持つ特徴（法則）に着目して、解決の道筋を探ろうとする思考法である。これは「論理思考」そのものである。

2）「図解表現」について

「図解表現ができる」ということは、一言で言うならば「概念図が描ける」ことであると言ってよいだろう。「概念図」とは「事物の構造や関係のあらましが分かるように描いた図（『広辞苑』）」である。対象とするもの（こと）の仕組みや関係をいろいろな図形を使って表現することである。端的に言えば「システムを図解すること」にほかならない。

「図解表現 ＝ 概念図 ＝ システムを図解すること」をもう少していねいに表現すると次のようになる。

（イ）問題解決の対象となる「要素（人・物・金・情報・組織・問題な

「図解思考」の身に付け方

1）普段から「システム的思考法」の活用を心がける
2）新聞・雑誌の「図解」を意識して見る習慣をつける
3）自分なりの「図解パターン」を用意する
4）訓練1：論文やレポート作成時に「図解」を活用する
5）訓練2：新聞記事を「図解」する
6）おまけ：「脳内ホワイトボード」を活用する

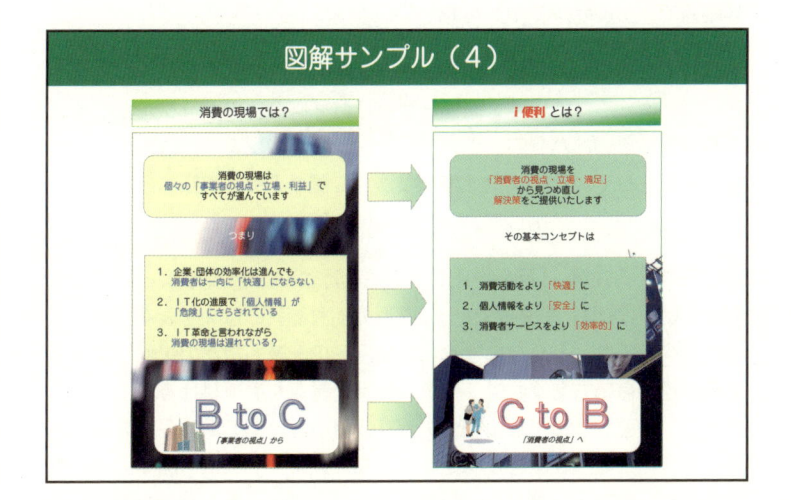

図解サンプル（4）

消費の現場では？

個々の「事業者の視点・立場・利益」ですべてが進んでいます

つまり

1. 企業・団体の効率化は進んでも消費者は一向に「快適」にならない
2. IT化の進展で「個人情報」が「危険」にさらされている
3. IT革命と言われながら消費の現場は遅れている？

B to C
「事業者の視点」から

i便利とは？

消費の現場を「消費者の視点・立場・満足」から見つめ直し解決策をご提供いたします

その基本コンセプトは

1. 消費活動をより「快適」に
2. 個人情報をより「安全」に
3. 消費者サービスをより「効率的」に

C to B
「消費者の視点」へ

ど)」の「仕組みや関係(位置・因果・時間・量など)」を
(ロ) 表現目的に沿って
(ハ) いろいろな「図形(相関図・フロー図・マトリックス図・時系列
　　図など)」を組み合わせて描いたものである。

　「表現目的に沿って」とは、意味のある、つまり適切な表現をするということである。「わかりやすさ」「抜けの発見」「説得力」などにつながらない表現は「図解」ではなくただの「絵」である。

　「図解表現」には「デッサン力」は必要ないが、多少の「絵心」はあった方がよいかもしれない。いろいろな図形を組み合わせるにしても、ある程度の「表現技法」は欲しい。図形や文字の配置・大きさ・バランスなどは、見る人への「わかりやすさ」「説得力」に影響するものである。本書では「表現技法」については割愛している。その代わりというわけではないが「図解」を多用している。活用のヒントになればと思い、あえて表現の方法も統一していない。また、この項では紙数の許す範囲で「図解サンプル」を載せている。

　諸君の身の回りには、「表現技法」に関するヒントやツールは十分すぎるほどにそろっている。新聞・雑誌には「図解」のサンプルがたくさん載っているし、パソコンのアプリケーション・ソフトには図形描写機能が用意されている。また「表現技法」に関する参考書籍も多数出版されている。ぜひ、活用していただきたい。

　ここで一つ注意。「図解」といっても図形だけで表現せよということではない。「言葉」も必要である。図形のそれぞれの意味を表す言葉(文字)がなくては、どんなにすばらしい図形の配置もただの幾何学模様である。逆の言い方をすれば「重要な言葉と言葉を関連付ける長い長い文章を図形に閉じ込めてしまう」のが「図解」の役割である。ちなみに、平安時代に宗教的絵画の意味を解説する「絵解き」という職業人がいたそうだが、図形だけのプレゼン資料では「絵解き」さんを雇わなければならなくなってしまう。

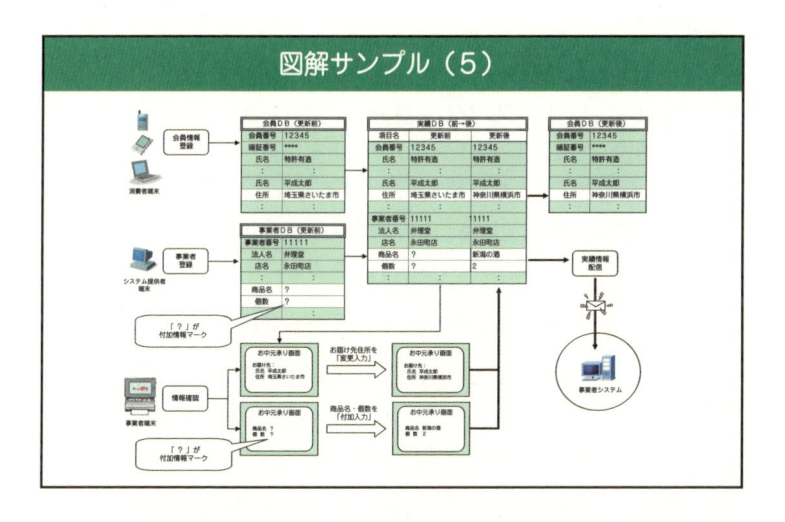

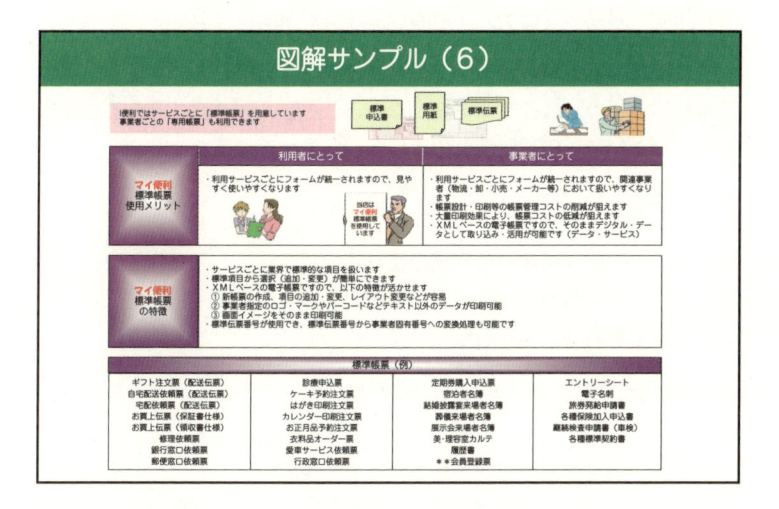

第4章 問題解決力を強化する思考法 135

最後に、どのようにして「図解思考」を自分のものにするか？　ヒントを列挙しよう。

　1）普段から「システム的思考法」の活用を心がける
　2）新聞・雑誌の「図解」を意識して見る習慣をつける
　3）自分なりの「図解パターン」を用意する
　4）「脳内ホワイトボード」を活用する
　5）訓練1：論文やレポート作成時に「図解」を活用してみる
　6）訓練2：新聞記事を「図解」してみる

1）普段から「システム的思考法」の活用を心がける

「システム的思考法」は「論理思考」である。「システム的思考法」が活用できれば「図解」が楽になってくるし、「システム的思考法」を身に付けるためには「図解」の利用が便利である。これらは表裏の関係にあると言ってよい。

2）新聞・雑誌の「図解」を意識して見る習慣をつける

これは特にお勧めしたい。文章を読む前に「図解」をまず見て内容を理解してみよう。次に文章を読んでみると内容の理解度が深まるだけでなく、しだいにその「図解」のよしあしも見えてくる。

3）自分なりの「図解パターン」を用意する

使ってみたい「図解」や実際に使って便利だったものをストックしておくとよい。図解パターンごとに整理し、扱うテーマに合わせてパターンが選択できればよいだろう。

4）「脳内ホワイトボード」を活用する

私は「ホワイトボード大好き人間」である。ホワイトボードの前に立つと、あの子供のころの真っ白な画用紙を思い出す。何を描こうか、どこから描こうか、何色から使おうか、とわくわくしたあの思い出を、実

図解サンプル（7）

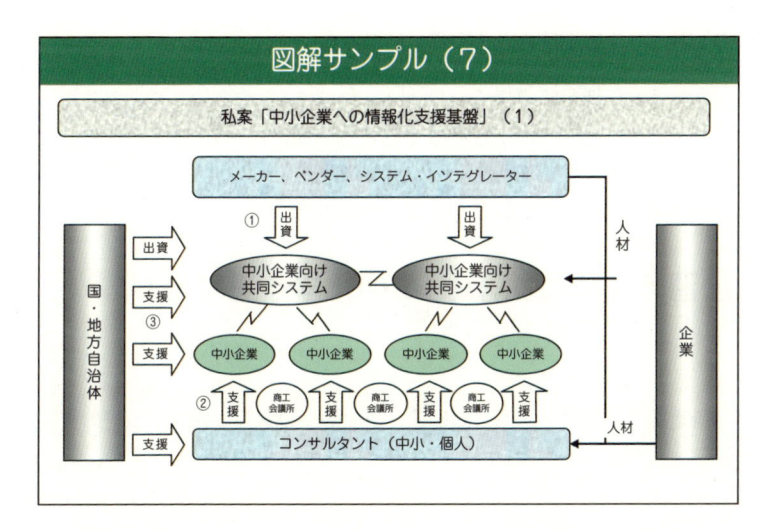

私案「中小企業への情報化支援基盤」（1）

[図：メーカー、ベンダー、システム・インテグレーターからの出資①と人材提供を受け、国・地方自治体からの出資・支援③を受けた「中小企業向け共同システム」が中小企業を支援。商工会議所②による支援、コンサルタント（中小・個人）への支援、企業からの人材提供を示す構成図]

は今でも体験している。仕事上の資料作りではもちろんのこと、ちょっとした思い付きの記述などでもホワイトボードを使用している。そして、頭の中にもホワイトボードを持ち歩いている。正確には、常に「頭の中で図解をしている」と言ったほうがよい。自分の考えを整理したり、アイデアを練ったりするときもそうだが、人の話を聞くときにも使用している。特に会議などで話が複雑に絡んでくるときなどは図解で整理しないとだめだ。「脳内ホワイトボード」で整理がついたところで、実物のホワイトボードに書き写すようにしている。

5）訓練1：論文やレポート作成時に「図解」を活用する

　長い文章を書く前にテーマの概要や概念を「図解」したり、ポイントとなる部分の掘り下げを「図解」したりするとよい。最初は、記述すべきテーマの骨格を丸や四角で囲んで線でつなぐ、という単純な「図解」になると思うが、しだいに個々の内容を適切に表現できるようになる。「図解」が先にできると論文やレポートの組み立てがしやすくなる。

6）訓練２：新聞記事を「図解」してみる

もちろん新聞記事でなくともよい。興味あるものを選んで図解する。家族や友人など、他者に説明することを念頭において描くとよい。「この記事を読んだら３分はかかると思うけど、この図なら10秒でわかるはずだよ」と言えるものが描けたら合格だ。

復習４：「問題解決力を強化する思考法」チェックリスト

身近な「問題」を念頭に置いて、チェックリスト（次ページ）の質問に答えながら「問題解決力を強化する思考法」を復習してみよう。

第4章 問題解決力を強化する思考法 139

「問題解決力を強化する思考法」チェックリスト
水平思考	・「先入観・前提・常識」などの枠にはまっていないか? ・より「大きな(上位の)目的」は何か? ・検討の「前提や条件」は何か? ・「前提や条件」は外せるか? 外してみたか? ・「自己否定」はできるか?
プラス思考	・物事を「好意的に受け止めて」いるか? ・物事を「建設的に考え、ポジティブに行動」しているか? ・「自分以外の人の利益や成長」を考えているか? ・「自分流の生き方」を意識しているか? ・「健康や体調」は万全か? ・「学生症候群」に感染していないか?
人間思考	・「すべてのもの(こと)は人のためにある」と理解しているか? ・あらゆる「仕事の向うに人がいる」ことを意識しているか? ・「お客様本意」の思考をしているか? ・自分以外は「皆お客様」と考えているか? ・プロジェクトは「人」で構成されていることを意識しているか? ・「物事を決めているのは人」であることを認識しているか?
選択思考	・人生は「どう生きるかの選択」であることを理解しているか? ・問題の「答えは一つではない」ことを認識しているか? ・学業は「人生の選択の幅」を広げてくれることを意識しているか? ・問題発生は「人の選択の結果」であることを理解しているか? ・「誰の立場」で行動の選択をするかを意識しているか? ・行動の「優先順位」をわきまえているか? ・「重要度・緊急度・影響度・経済性」を考慮に入れているか?
図解思考	・人は文章よりも図解が「理解しやすい」ことを意識しているか? ・図解は「抜けの発見」に役立つことを理解しているか? ・図解は「説得力」を持つことを認識しているか? ・図解には「論理思考」が必要であることを認識しているか? ・「概念図」を描くことを心がけているか? ・意識的に図解にチャレンジしているか?

がんばれ大学生 ⑩

トラブル発生はノウハウ・チャンス！

プラス思考で受け止めよう ビジネスマンの周りにはいつもリスクとトラブルが付きまとっている。仕事で発生するトラブルに対して、どのような気持ちと態度で臨むか？ 私は、トラブル発生は「ノウハウ・チャンス！」と決め込んでいるし、若い人たちにもそう言っている。トラブルにつながる失敗は誰にもあるし、自分の知識や経験の外で発生するトラブルも多い。トラブルは発生しないほうがいいし、発生しないように最大限の努力はするが、発生したものは仕方がない。へこんだり愚痴をこぼしたりしても何の得もない。

チャレンジ精神を失うな 私は、若い諸君がトラブルや失敗を恐れてチャレンジ精神を失ってしまうことのほうが怖い。会社にとって、年齢が増して責任ある立場になってからのトラブルや失敗は損失が大きい。会社をつぶしてしまうことさえあるが、若いうちのそれは小さい。問題ではない。それよりも会社の大事な財産である諸君に小さくなられてはもっと困るのである。若いうちはトラブルや失敗を恐れずにどんどんチャレンジしてほしい。

そのあとが大事 ただ、トラブルをノウハウに変換するにはそのあとが大事だ。事態の確認と問題の切り分け。顧客や関連部門への対応などの応急処置。トラブル発生の原因分析と再発防止策の検討などそこでやるべきことはたくさんある。これらはみんな自分のノウハウとなる。大事なことは、これらのマイナス経験をメンバー全員で共有するとともに、きちんと記録を残すことである。貴重な経験をノウハウとして、しっかりと次のプラス、つまりトラブルの再発防止と再発時の速やかな対応に活かすことだ。

ラッキー！ノウハウ・チャンス

ウーン

がんばれ大学生 ⑪

「反省」なんかするな！

反省なんかするな！ すごい「プラス思考」の方を紹介しよう。中堅ＳＩ企業の元役員Ｔ氏である。それまで私は、人間は反省するのが美徳であり成長であり進化の条件でもあると思っていた。ところがある日、彼の部下が「はい、反省します」と頭を下げたところに「反省なんかするな！」とどなりつけた。私はびっくりした。冗談かと思って彼の顔を見たが真剣である。

反省は後悔である！ 私自身「反省はするが後悔はしない」と思い込んできたし、若い人にも（えらそうに）言ってきた。自分や組織の失敗について、二度と同じ轍（てつ）を踏まないためには反省が必要であると思っていた。ところがＴ氏は「反省は後悔だ！」「反省なんかしてはいかん！」と部下に言っているのだ。これは聞き捨てならないとばかりそのココロを確認してみた。

そのココロは？ Ｔ氏の教えはこうだ。「物事に真剣に取り組んでいるときは、状況と自分の距離は自分が一番よくわかっているはずだ。何をしなければならないか、どうすれば成功に近づけるかは見えているはず。そして自分の行動と結果の因果関係も自分が一番よく知っているはずだ。それがわからなければ仕事そのものをしていないことと同じだ。いい子ぶって『反省』と言っているやつは、実は努力を惜しんだか手を抜いたかした自分を慰めているんだよ。反省する気持ちがあるんなら、答えを先送りせずに、一番つらいときにがんばるべきだ」。なんという「プラス思考」であろうか。私はＴ氏の言葉を思い出すたびに「反省」をしてしまうのである。

反省は後悔だ！

がんばれ大学生 ⑫

「体幹強化」のすすめ

最後は体力勝負　問題解決にも体力は必要だ。どんなに頭脳明晰であっても、ここ一番の踏ん張りが利かなくては役に立たない。仕事の残業や徹夜くらいで音を上げるようではどうしようもない。ここは体育会系が好まれるゆえんの一つだが、私は40歳を過ぎてからも3日連続の徹夜を余儀なくされたことがある。最後は体力勝負であることを肝に銘じよう。

今からでも遅くはない　体育会系でない人は今からでも遅くはない。体力を強化しよう。体育会系の人も継続しなければ身体はしぼんでしまう。私は15歳から二十代後半までウェイトリフティングをやったおかげで体力は付いたが身長が伸び悩んだ。30歳近くで極真カラテに入門し、トライアスロンは40歳からだ。人生には解決の難しい問題も発生する。それが原因で病気になったり命を落としたりする人もいる。幸い私の場合は身体が精神を支えてくれたようだ。

体幹強化　若いうちに足・腰・腹筋を中心とした体幹の筋肉を増やそう。これは男性だけの話ではない。むしろ女性にこそお勧めしたい。心配ご無用。どうがんばっても筋骨隆々にはならないし、美容には快適な新陳代謝が一番だ。さらに、成長が止まってからの肥満防止にも役立つ。男性でも女性でも筋肉の量が増えれば基礎代謝量が増し、何もしないときのカロリー消費も増えるからだ。男女問わず、まだまだ成長期にある今こそ体幹を鍛え、きたるべき「就職・仕事・家庭」の問題への解決力強化を図ろう。

おわりに

　漁師が、自分の子供を漁師として育てるために最初にすることは、船で沖に出て子供を海に放り投げ、手も貸さずに見ているのだそうである。こうして、漁師（人間）にとって一番大事な「自分の命は自分で守ること」を最初に教えるのだそうである。その次に、漁に必要な「道具」についてみっちりと教え込む。実際に漁に出るのはずっとあとだという。

　本文で「幼いころから『勉強しろ、勉強しろ』とうるさく言ってきたお父さんやお母さんの『親心』の意図するところは、より広くより深く学ぶことによって、人生の選択肢の幅と質をより豊かにすることである」ということを書いたが、お父さんやお母さんは、この漁師の親と同じ思いで諸君を「大学」に放り投げたのだと思う。筆者は、お父さんやお母さんと同じ世代の人間であるが、同じ思いで本書という「道具」を準備した。

　大学生の諸君は、まだ「漁」には出ていない。大学時代は、人間にとって大事なこと、社会生活で必要な「道具」の使い方をみっちり修得する期間である。本書は、個々の「魚（問題）」の獲り方を教え込むことを目的としていない。これから遭遇するであろう「就職、仕事、結婚」に関する「魚」は多種多様だ。「問題解決の手順」は一般的な「漁の仕方」で、いろいろな「思考法」は「網や釣竿や釣り針」だ。これらの「道具」をしっかりと身に付けて、来るべく「漁」に備えていただきたい。

　本書で、たくさんのヒントを述べてきたが、最後にもう一つ、お願いしたいことがある。コペルニクスは「天動説」を唱えたが、諸君には「自動説」を実践していただきたい。「他動説（他者が自分の周りを回る）」ではなく、「自動説（自分が他者の周りを回る）」である。今まで

は、親や学校が諸君の周りを回っていろいろと支援をしてきた。社会に出たら誰も周りを回ってはくれないだろう。周りの動きに頼るのではなく、みずから、人や社会に働きかけることを期待したい。

　「大学時代」には、いろいろな「可能性」が詰まっている。お父さんやお母さんから頂いた、この貴重な時間と空間を無駄にすることなく、自分の「足」と「頭」と、そして「問題解決力」を駆使して大いに動き回ってほしい。大学生諸君の健闘を祈る。

索　引

A

AT ペース ……………………108

C

CS……………………………19

あ

アイデアを結集しよう ……………43
アイデアの創出 ………………86
青島警部補の悩み ……………122
アクションプラン作り …………15
赤穂浪士 ………………………116
朝青龍 …………………………111
旭山動物園 ……………………80
頭の悪いやつは強くなれない …92
新しい生命の誕生 ………………9
新しい文化の創生 ………………8
新たな責任 ………………………8
ある自動車メーカーの工場 …114

い

いじめ ……………………………9
イエスマン ……………………27

依存型人材 ……………………103
異文化育ち ………………………8

う

ウェイトリフティング ……91, 142
打出の小槌 ……………………80

え

影響度 …………………………124
絵解き …………………………134
択捉島沖の地震 ………………120
演繹法 …………………………86

お

大山倍達 ………………………29
お客様第一主義 ………………19
穏やかに熱く生きる …………107
落合博満 ………………………107
大人になる ……………………19
踊る大捜査線 …………………122
親心の意図するところ …119, 143
オレ流で？ ……………………106
お詫び・リコール・自主回収
　　　　　　　　　………95, 120

か

解決提案型 …………………………96
改革型アプローチ …………………87
会議日程調整システム ……………77
会議の議事録 ………………………79
解決策先にあらず …………………34
解決策のデザイン …………………43
改善型アプローチ …………………87
階層構造 ……………………………86
概念図 ………………………………132
学生症候群 …………………………110
過去の問題 …………………………24
課題の設定 …………………………41
家庭内暴力 …………………………9
家庭内民族紛争 ……………………9
活動記録 ……………………………60

き

企画書は説得書 ……………………130
起業家セミナー ……………………106
軌道修正 ……………………………51
機能（仕事）を無くする …………79
帰納法 ………………………………86
木下藤吉郎 …………………………46
君はコロンブスになれるか？ ……98
競争社会の落とし穴 ………………113
協調性 ………………………………17
業務の効率化が無駄？ ……………76
教養 …………………………………16

極真カラテ …………………29, 142
緊急度 ………………………………124

く

口下手も悪くない …………………125
苦しい就職活動 …………………5, 15
苦しみの結果がミスマッチ？ ……2

け

経営学とは人間学である …………19
経済性 ………………………………124
芸は身を助ける ……………………17
経費削減を目的とした無駄遣い
 ……………………………………72
結婚活動 ……………………………10
結婚と家庭 …………………………8
結婚のミスマッチ …………………9
原因の発見 …………………………38
現在意識 ……………………………44
現在の問題 …………………………24
現実重視タイプ ……………………87
現象＝問題ではない ………………23
現象に隠れる本質を探し出す ……75

こ

行動計画とのにらみ合い …………50
行動計画のデザイン ………………46

索引 147

行動と結果の連鎖 ……………………70
行動の選択 ……………………………122
行動の選択をする主体 …………123
行動の優先基準 ……………………124
行動の優先付け ……………………123
顧客指向 ………………………19, 114
答えは一つではない ………………118
異なる文化の融合 ……………………8
コペルニクス ………………83, 143
コペルニクス的転回 …………………83
困った問題と楽しい問題 …………22
困ったら分解してみよう …………84
コミュニケーション機能 …………74
コミュニケーション能力 …………17
雇用の七五三 …………………………4
雇用の二極化 …………………………3
雇用のミスマッチ ……………………4
コロンブスの卵 ……………………98

さ

最高のビジネス・システム ……79
最後は人が決めている …………115
先悪の後善し …………………………28
サルと人間の違い …………………94
サルトルの言葉 ……………………117
三角生活のすすめ …………………29
秋刀魚（さんま） …………………99

し

思考のズームレンズ ………………83
自己責任 ………………………………123
仕事と社会 ……………………………5
仕事のＩ・Ｐ・Ｏ …………………47
仕事の本質 ……………………………76
仕事の向こうに人がいる ………113
自己否定 ……………………………100
自殺 …………………………10, 118
システム的思考法 …………………64
システム的思考法チェックリスト
　…………………………………………92
システムとは …………………………64
システムの特徴 ……………………66
システム発想 …………………………64
自然災害も人災 ……………………120
実行 ……………………………………50
実行フェーズ …………………………50
失敗の中にも成果はあり …………52
自動説 ………………………………143
時分割処理 …………………………125
自分探しではなく道探し …………14
自分作り ………………………………14
自分作りのヒント …………………16
自分未来史 ……………………………12
自分流の生き方 ……………………107
社会への適応力不足 ………………5
借金型人生 …………………………110
就活対策 ………………………………16

就職と就職活動 ……………………2
重要度 …………………………124
手段先行（＝IT活用）体質 ……74
準備不足 …………………………4
上位目的に着目しよう ……………99
常識を打ち破れ …………………100
情報システムのトラブル ………127
情報プロジェクトの成功率は3割
……………………………………74
将来の問題 ………………………24
自立型人材 ……………………103
人生は自由意志による選択である
……………………………………117
人生は問題解決ドラマ …………22

す

垂直思考 …………………………98
水平思考 …………………………98
図解思考 ………………………125
図解思考＝論理思考＋図解表現
…………………………127, 132
図解パターン …………………136
図解表記 ………………………127
図解表現 …………………126, 132
墨俣一夜城 ………………………46
すべてがシステムである …………64
すべては選択された結果である
……………………………………119
すべては人のためにある ………111

スポーツ減量作戦 ………………52

せ

性格の不一致 ……………………9
成果と方法の吟味 ………………52
成功の中にも反省はある ………52
精神的ストレス …………………18
生命の誕生 ………………………9
潜在意識 …………………………44
全体思考 …………………………81
全体と部分の連携・連鎖 ………81
選択思考 ………………………117
先入観は禁物 ……………………23
専門分野 …………………17, 100
戦略と戦術 ………………………25

そ

早期離職・転職・フリーター化
………………………………4, 5

た

代案なければ賛成とみなす ……20
大学時代をどう生きるか？ ……10
大学生を待ち受ける難題 …………2
大学卒業時の自分 ………………14
大学入学の目的 …………15, 70
体幹強化 ………………………142

体験のインデックス ……………60
大日程・中日程・小日程 ………47
他動説 ……………………………143

ち

チャレンジ精神 ………………140
忠臣蔵 …………………………116
貯金型人生 ……………………110

つ

ツリー構造（木構造）……………86

て

できるか自己否定？ ……………100
デザインフェーズ ………………43
手順と思考法は共通の道具 ……10
手順のあらまし …………………32
デボノ ……………………………98
出る杭は打たれる ………………27
転職活動 …………………………6
転職支援環境の拡充 ……………5
天動説 ……………………83, 143

と

当事者意識 ………………………19
動物たちの本質に着目 …………80

独立開業セミナー …………103, 106
特許 ……………………………129
ドメスティック・バイオレンス
　…………………………………9

な

なぜ就職活動で苦労するのか？
　…………………………………2
なぜ若者は簡単に会社を辞めて
　しまうのか？ …………………2
成田離婚 …………………………9

に

西尾由佳理 ……………………119
日本IBM社 ………………………19
日本のサスペンス・ドラマ ……25
人間思考 ………………………111

の

脳内ホワイトボード …………136
ノウハウ・チャンス …………140
野焼き …………………………23

は

派遣採用環境の拡大 ……………5
発見フェーズ ……………………35

派閥・学閥・同期閥 ……………115
反省は後悔である ………………141

ひ

悲劇の誕生 …………………………9
ビジネスモデル特許 ……………129
左手に手順，右手に思考法 ……11
秀吉に負けるな …………………46
人は目的によって手段を選ぶ …72
人を思う気持ち …………………19
ヒューマンスキル ………………17
評価 …………………………………52
表現技法 …………………………134
ひらめき …………………………59

ふ

復習1：問題解決の手順 …………54
復習2：研究活動への適用例 …56
不思議な力 ………………………115
二人の責任 …………………………10
プラス思考 ………………………102
フリーター …………………………4
ブレーンストーミング ……44, 86
プレゼンテーション能力 ………17
分解と組み立て …………………85

ほ

傍観者意識 …………………………19
本質思考 ……………………………75
本音と建て前 ……………………115

ま

マイナス思考 ………………103, 109

み

みごとに再生した動物園の話 …80
三つのフェーズとモード ………32
見てわかる ………………………130

め

名探偵ポワロ ……………………70
目指せ自立型人間 ………………102
目の前の壁 ………………………61
メモの目的 ………………………59

も

目的が手段を評価する …………70
目的先にありき …………………74
目的思考 …………………………68
目的と手段の連鎖 ………………70
目的は何かを意識せよ …………68

目標を定めて道を探る …………12
問題解決力とは？ ……………10
問題解決力を強化する思考法 …98
門限抱え口実評価 ……………34
問題意識から課題認識へ ………41
問題意識の出発点 ……………89
問題解決思考法 ………………64
問題解決思考法の原点 …………66
問題解決に役立つ手法・技法 …53
問題解決の手順 ………………32
問題解決の帰納法と演繹法 ……86
問題解決の基本姿勢 …………104
問題解決の基本手順 …………34
問題解決の目的・目標 …………37
問題解決力を強化する思考法
　　チェックリスト …………138
問題提起型 ……………………96
問題とは何か？ ………………20
問題の昨日・今日・明日 ………24
問題の時制 ……………………24
問題の主体は誰か？ ……………36
問題の定義 ……………………20
問題の特定 ……………………35
問題はこのようにして起きる
　　………………………………125
問題発生は無差別非同期出現
　　………………………………124

や

役割認識 ………………………95
役割分担 ………………………95
山本寛斎 ……………………107

ゆ

夢での問題解決 ………………44

よ

幼児虐待 ………………………9
幼児のように ………………38, 71
予期せぬ原因 ………………119

り

リスク管理 …………25, 28, 109
理想か現実か？ ………………86
理想思考 ………………………86
理想追及タイプ ………………87
理想の状態を意識せよ …………88
理想の状態を具体化せよ ………89
漁師 …………………………143

ろ

論理思考 ………………126, 132

わ

若者は我慢が足りない ……………7
わかる（分かる／解る）…………84

著 者 略 歴

早川　修　（はやかわ　おさむ）
1950年，新潟市生まれ。
パイオニア(株)にて，数々の経営改革プロジェクト，ITプロジェクトで活躍の後，96年独立。
ビジネスシステムデザイン代表取締役。上場企業，中堅・中小企業など幅広い企業を対象に，主にITプロジェクトのシステム化企画，プロジェクトの立ち上げ，プロジェクト管理などの支援活動を行う傍ら，新規事業化支援，人材育成支援なども手がける。プロジェクト成功の秘訣として，プロジェクト活動におけるヒューマン・ファクター重視を標榜。

★ご感想をお寄せください
電子メールアドレス　kaiketuman@bs-design.co.jp
ホームページ　http://www.bs-design.co.jp/

大学生諸君！
今求められる問題解決力

発行日	2007年4月3日　初版発行
著者	早川　修
発行者	佐伯　弘治
発行所	流通経済大学出版会
	〒301-0844　茨城県龍ケ崎市120
	電話　0297-64-0001　FAX　0297-64-0011

©O.Hayakawa 2007　　　　　　　　　　Printed in Japan ／アベル社
ISBN978-4-947553-42-3 C1037 ¥1200E